다양한 문화의 끝판왕, 동남아시아

박소현 글 | 허현경 그림

작가의 말

안녕하세요, 여러분. 우리는 '동남아시아'를 알아보러 탐험을 떠나려고 해요. 여러분도 동남아시아 혹은 줄임말인 동남아라는 말은 자주 들어 보았을 거예요. 동남아시아 하면 무엇이 먼저 떠오르나요? 보라카이, 발리, 푸껫, 다낭, 앙코르와트 같은 동남아시아의 관광지를 떠올리려나요. 이런 동남아시아의 관광지는 우리가 자주 찾는 곳이라 부모님과 함께 가 본 적 있는 친구도 있을 거예요. 아니면 베트남 쌀국수나 팟타이 같은 맛있는 동남아시아 음식을 떠올릴지도 모르겠네요. 요즘은 동네마다 베트남이나 태국 음식점이 있어서 어렵지 않게 맛볼 수 있으니까요.

그뿐만이 아니에요. 조금만 눈을 돌려 볼까요. 경제 얘기부터 해 보자면, 동남아시아는 우리에게 중국에 이어 두 번째로 큰 무역 상대예요. 한국인이 투자하는 곳으로는 미국에 이어 두 번째로 인기 있는 곳이고요. 그러다 보니 한국과 동남아시아를 오가는 사람도 많아서 한 해에 1,000만 명 가까이 돼요. 한국의 농어촌으로 눈을 돌려 보면, 20만 명에 달하는 동남아시아 출신 이주 노동자 없이는 농산물과 수산물이 제때 우리 식탁에 오르지 못할 정도예요. 또 한국인과 결혼한 동남아시아인 역시 6만 명이나 되어요. 동남아시아가 고향인 어머니나 아버지를 둔 친구도 있겠죠. 이런 결혼 이주자들이 인구가 줄어 사라질 위기에 처한 마을을 지키고 있답니다. 전라북도의 한 마을에는 필리핀 출신 이장님이 마을을 이끌고 있을 정도래요. 또 한국으로 유학 온 동남아시아 유학생도 2만 명이 넘는데 그 수가 해마다 늘고 있어요. 여기까지만 봐도 우리 삶과 동남아시아가 얼마나 밀접해졌는지, 또 동남아시아 사람들이 얼마나 우리 사회에 중요한 존재가 되었는지 알 수 있겠죠.

그런데 안타깝게도 우리는 아직 이 중요한 동반자에 대해 잘 알지 못해요. 우리는 오랫동안 서구 선진국을 따라가려고만 애쓴 나머지 세계의 다른 곳에는 눈을 돌리지 못해 온 것이 사실이에요. 그래서 어른 중에도 동남아시아를 비롯한 다른 지역에 대해 자신 있게 말할 수 있는 사람이 많진 않을 거예요. 그냥 잘 모르는 아시아 나라는 뭉뚱그려서 다 동남아라고 부르는 사람도 많으니까요.

   누군가와 좋은 친구가 되고 싶다면 먼저 그 친구가 어떤 사람인지, 무엇을 좋아하고 싫어하는지부터 알아야 하잖아요. 그런 걸 모르면 친구가 되기도 힘들고 어렵게 친구가 되어도 자꾸 다투거나 오해하는 일이 생길 테니까요. 그러니까 앞으로 점점 더 자주 마주치며 함께 살아가야 할 이웃인 동남아시아에 대해 잘 아는 것은 그런 다툼이나 오해를 막고 좋은 관계를 만들기 위한 첫걸음이기도 해요. 그래서 이 책에서는 우리의 동반자 동남아시아의 이모저모를 두루두루 살펴보려고 해요. 동남아시아 사람들은 어떤 종교를 믿는지, 어떤 역사를 거쳐 왔는지, 어떤 음식을 먹고 어떤 옷을 입는지, 동남아시아 어린이들은 어떻게 생활하는지, 날씨는 어떤지, 어떤 미래를 전망하고 있는지 등을 차근차근 알아봐요. 그러다 보면 조금은 가깝지만 여전히 낯선 이 친구의 잘 몰랐던 진면목을 알 수 있게 될 거예요. 자 그럼 종횡무진 동남아시아 여행을 떠나 볼까요?

2022년 새해, 박소현

◉◎◉ 차례 ◉◎◉

작가의 말   2

동남아시아의
10개 나라를
소개합니다

고대부터 불교 문화를 꽃피워 온 **미얀마**	8
교통의 중심지이자 세계적 관광 대국 **태국**	10
바다는 없지만 아름다운 산이 많은 **라오스**	12
앙코르와트와 크메르 제국의 후예 **캄보디아**	14
기나긴 전쟁을 겪고 통일을 이룬 **베트남**	16
민주주의를 지키는 데 앞장서 온 **필리핀**	18
다양성 속에서 통일을 추구하는 **인도네시아**	20
동서양을 이어 주는 길목 **말레이시아**	22
술탄이 다스리는 평화의 왕국 **브루나이**	24
작지만 부강한 도시 국가 **싱가포르**	26

무지갯빛 다채로운 동남아시아를 알아보아요

01 • 동남아? 동남아시아? 대체 어디를 말하는 거죠?   30

02 • 바람을 타고 온 배들이 다양한 종교를 전해 줬어요   36

03 • 향료와 후추를 찾아 유럽 사람들이 몰려왔어요   44

04 • 독립과 혼란의 시대에는 우리나라와 닮은 점이 많아요   50

05 • 어떻게 수백 가지 언어가 공존할 수 있을까요?   58

06 • 예로부터 여성 활동이 아주아주 활발했어요   64

07 • 쌀이 주식이고, 피시 소스와 다양한 향신료를 써요   70

08 • 남자, 여자 상관없이 아름다운 천으로 사롱을 둘러요   78

09 • 동남아시아 어린이들은 하루를 일찍 시작해요   82

10 • 일년 내내 덥다고 여름만 있는 건 아니에요   88

11 • 오토바이 없인 못 살아요   94

12 • 눈부신 앞날을 기대해요!   100

13 • 알고 보면 우리와 인연이 깊어요   106

14 • 동남아시아에선 동남아시아 법을 따라요!   112

동남아시아의 10개 나라를 소개합니다

동남아시아에는 아주 큰 나라도, 아주 작은 나라도 있고, 섬나라가 있는가 하면, 바다가 아예 없는 나라도 있어요. 그뿐인가요? 아주 부자인 나라도 있고 그렇지 못한 나라도 있지요. 불교를 믿는 나라, 가톨릭을 믿는 나라, 이슬람교를 믿는 나라 등 다양하지요. 사회주의 국가도 있고 자유 민주주의 국가도 있어요. 이렇게 종교, 언어, 정치 제도, 종족, 문화, 역사가 무척이나 다양해서 동남아시아를 세계에서 가장 다양성이 두드러지는 지역이라고 본답니다. 그렇다면 동남아시아에는 어떤 나라들이 있을까요? 동남아시아 10개 나라를 하나씩 둘러보며 알아볼까요?

미얀마연방공화국

면적:
약 67만 7,000㎢
(한반도의 3배)

수도:
네피도

시차:
한국보다 2.5시간 늦음

고대부터 불교 문화를 꽃피워 온
미얀마
The Republic of the Union of Myanmar

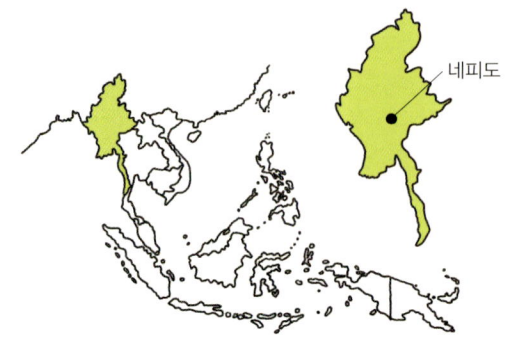

인도와 국경을 맞댄 미얀마는 일찍부터 불교를 받아들여 종주국보다 더 찬란한 불교 문화를 꽃피웠어요. 천 년 전에 세워진 불교 왕국의 수도였던 바간에는 탑이 3천 500개나 될 정도예요. 독립 후 1960년대 군부가 나라 문을 닫아 거는 바람에 오랫동안 바깥 세계와 단절되기도 했죠. 2010년대 들어 개방의 바람이 불었지만, 2021년 초 다시 군사 쿠데타가 일어나자 시민들이 민주주의를 지키기 위해 저항하고 있어요. 옛 이름은 버마예요.

인구: 약 5,283만 명 (세계 27위) — 65살 이상 6.5%, 15살~64살 68.4%, 0살~14살 25.1%

기대 수명: 여 71살, 남 64살

산업: 천연가스, 농업, 의류 제조

인종: 버마족 68% 등 135종족

종교: 불교 89%

언어: 미얀마어

1인당 GDP: 약 1,299$

통화: 짯

바간 유적지

미얀마의 승려들

2021년 반군부
민주화 시위

타이왕국

면적:
약 51만 3,000km²
(한반도의 2.3배)

수도:
방콕

시차:
한국보다 2시간 늦음

교통의 중심지이자 세계적 관광 대국
태국
Kingdom of Thailand

방콕

풍요로운 음식 문화, 환한 미소, 아름다운 자연, 역사 유산으로 전 세계인의 사랑을 받는 관광 대국이에요. 수백 년 동안 동서를 오가는 교통의 중심지였고 지금도 방콕은 국제 허브 역할을 하고 있죠. 동남아시아에서 유일하게 서구 식민지가 되지 않은 행운을 누렸고, 국민 대다수가 불교를 믿으며 태국과 불교의 상징인 코끼리를 아끼고 사랑합니다. 코끼리 학교는 물론 코끼리 전문 병원과 양로원도 있답니다. 옛 이름은 시암.

인구 약 6,963만 명 (세계 20위) — 65살 이상 13.5%, 15살~64살 70.2%, 0살~14살 16.3%

기대 수명 여 81살, 남 74살

산업 전자 제조, 자동차, 고무

인종 타이족 85% 등 70종족

종교 불교 95%

언어 태국어

1인당 GDP 약 7,807$

통화 밧

락 무앙 기둥 사원과
왓 프라깨오(에메랄드 사원)

아유타야 수상 시장

제임스본드섬(좌)
똠얌꿍(우)

라오인민민주공화국

면적:
약 23만 6,000km²
(한반도의 1.1배)

수도:
비엔티안

시차:
한국보다 2시간 늦음

바다는 없지만 아름다운 산이 많은
라오스
Lao People's Democratic Republic

비엔티안

동남아시아에서 유일하게 바다가 없는 나라지만 1,900킬로미터에 걸쳐 흐르는 메콩강이 주변 나라들과 라오스를 연결해 줘요. 국토의 70퍼센트 이상이 산지로 1,500미터 이상 높은 산이 많고 아름다운 자연을 간직하고 있죠. 사회주의 일당제 국가이고 국민의 90퍼센트가 불교도입니다. 국민의 대부분이 농민인 농업 국가지만 최근 광물 자원 개발이 꾸준히 성장하고 있어요. '위대한 탑' 파 탓 루앙 사원은 불교와 라오스를 상징하는 대표적인 기념비입니다.

인구 약 716만 명 (세계 104위)
- 65살 이상 4.4%
- 15살~64살 64%
- 0살~14살 31.6%

기대 수명 여 70살 남 67살

산업 구리, 전자 제조, 주석

인종 라오족 55% 등 149종족

종교 불교 90%

언어 라오어

1인당 GDP 약 2,661$

통화 낍

파 탓 루앙

방비엥의 블루라군

루앙프라방의 왕궁과
그 앞의 야시장

캄보디아왕국

면적:
약 18만 1,035km²
(한반도의 0.8배)

수도:
프놈펜

시차:
한국보다 2시간 늦음

앙코르와트와 크메르 제국의 후예
캄보디아
Kingdom of Cambodia

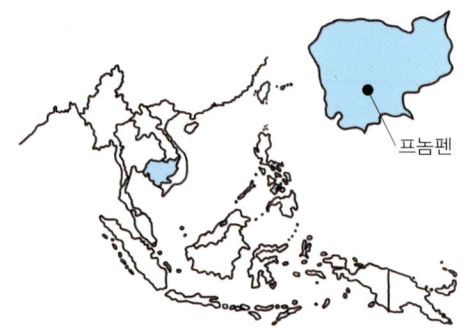

프놈펜

캄보디아는 9세기부터 15세기까지 대륙부 동남아시아 거의 전체를 다스렸던 크메르 제국의 후예입니다. 세계적으로 유명한 앙코르와트 유적지는 바로 크메르 제국의 수도가 있던 곳이에요. 독립 이후 정치적 혼란에 휩싸여 '킬링필드' 같은 비극을 겪기도 합니다. 하지만 이제는 빠르게 성장하고 있는 나라입니다. 동남아시아에서 제일 큰 호수인 톤레삽 호수는 전 세계에서 물고기가 가장 많이 잡히는 민물 호수라고 해요.

인구 약 1,649만 명 (세계 71위)
65살 이상 5% / 15살~64살 64.3% / 0살~14살 30.7%

기대 수명 여 72살 남 68살

산업 의류 제조, 금 채굴, 농업

인종 크메르족 90% 등 21종족

종교 불교 97%

언어 크메르어

1인당 GDP 약 1,620$

통화 리엘

앙코르와트

캄보디아의 승려들

톤레삽 호수

베트남사회주의공화국

면적:
약 33만 1,000km²
(한반도의 1.5배)

수도:
하노이

시차:
한국보다 2시간 늦음

기나긴 전쟁을 겪고 통일을 이룬
베트남
Socialist Republic of Vietnam

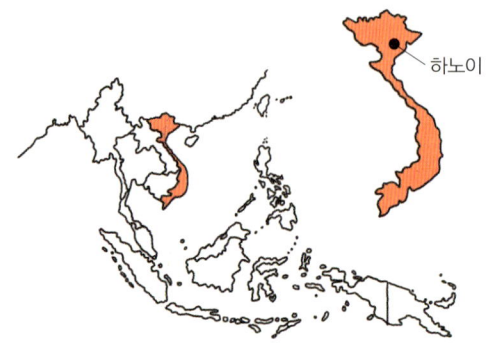

인도차이나반도 동쪽에 남북으로 길게 뻗어 있는 베트남은 해안선이 3,500킬로미터나 됩니다. 북쪽으로 국경을 맞댄 중국의 영향을 받아 우리처럼 한자 문화권이자 유교 문화권이었습니다. 독립 후 남북으로 분단되고 프랑스와 미국을 상대로 오랜 전쟁을 치러야 했지만, 초대 주석 호찌민이 구심점이 되어 승리를 거두고 남북통일을 이룹니다. 1990년대에 경제 분야를 개방한 이후로 동남아시아에서 가장 빠르게 성장하는 나라가 되었어요.

인구
약 9,646만 명
(세계 15위)
65살 이상 8.2%
15살~64살 68.6%
0살~14살 23.2%

기대 수명
여 80살 남 72살

산업
전자 제조,
의류 제조,
석유

인종
비엣족 85% 등
54종족

종교
민간 신앙,
불교 등

언어
베트남어

1인당 GDP
약 3,416$

통화
동

하롱베이

호찌민 동상(좌)
쌀국수(우)

호이안

필리핀공화국

면적:
약 30만㎢ (한반도의 1.3배)

수도:
마닐라

시차:
한국보다 1시간 늦음

민주주의를 지키는 데 앞장서 온
필리핀
Republic of the Philippines

7,600개의 섬으로 이루어진 섬나라. 15세기부터 스페인의 영향을 받아 아시아에서 유일한 가톨릭 국가가 되었어요. 19세기 말 마침내 스페인을 몰아내고 아시아 최초의 공화국을 세우지만 다시 미국의 식민지가 되고 말죠. 1980년대엔 독재를 무너뜨린 피플파워 혁명을 일으켜 다시 민주주의를 지키는 데 앞장섭니다. 또한 필리핀 사람들은 일찍부터 예술 분야에서 두각을 보였어요. 보라카이, 세부, 팔라완 등 아름다운 해변으로 유명한 섬도 많지요.

인구: 약 1억 880만 명 (세계 13위)
- 65살 이상 5.7%
- 15살~64살 64.8%
- 0살~14살 29.5%

기대 수명: 여 76살, 남 68살

산업: 전자 제조, 목재, 자동차

인종: 비사야족 33% 등 182종족

종교: 가톨릭 80%

언어: 필리핀어, 영어

1인당 GDP: 약 3,323$

통화: 페소

보라카이 화이트비치

계단식 논

마욘 화산과
카그사와 유적의 성당

인도네시아공화국

면적:
약 191만 6,820km²
(한반도의 약 9배)

수도:
자카르타

시차:
한국보다 0~2시간 늦음

다양성 속에서 통일을 추구하는
인도네시아
Republic of Indonesia

자카르타

1만 3천 개가 넘는 섬으로 이루어진 나라예요. 인종도 언어도 역사도 다른 1,300여 종족이 '다양성 속의 통일'을 기치로 한 나라를 이루었어요. 동서 간의 거리가 미국 전체 너비만큼 멀어서 한 나라 안에서도 시간대가 3개나 되는 아주 큰 나라이고요. 인구가 2억 6천 만으로 세계에서 네 번째로 많고 국민 80퍼센트 이상이 이슬람교를 믿어 세계에서 이슬람 인구가 가장 많은 나라이기도 해요. 수마트라섬과 보르네오섬에는 오랑우탄이 살고 있고, 발리섬은 유명한 관광지죠.

인구 약 2억 7,020만 명 (세계 4위)
- 65살 이상 6.5%
- 15살~64살 67.9%
- 0살~14살 25.6%

기대 수명 여 74살 남 70살

산업 석탄, 석유, 팜유

인종 자바족 40% 등 1,300여 종족

종교 이슬람교 87%

언어 인도네시아어

1인당 GDP 약 3,922$

통화 루피아

보로부두르 사원

발리 전통 춤(좌)
신에게 바치는 제물
차낭 사리(우)

브로모 화산

말레이시아

면적:
약 33만 345km²
(한반도의 1.5배)

수도:
쿠알라룸푸르

시차:
한국보다 1시간 늦음

동서양을 이어 주는 길목
말레이시아
Malaysia

천 년 넘게 동서양을 이어 주는 바닷길인 믈라카 해협이 지나가는 말레이반도와 보르네오섬 일부로 이루어진 나라예요. 오래전부터 해협을 따라 믈라카, 페낭 등 여러 항구가 발달했어요. 원래 살던 말레이인과 이주해 온 중국계, 인도계 등 여러 민족이 어울려 사는 다민족 사회랍니다. 수도 쿠알라룸푸르의 페트로나스 트윈 타워는 말레이시아의 발전을 상징하는 고층 빌딩입니다.

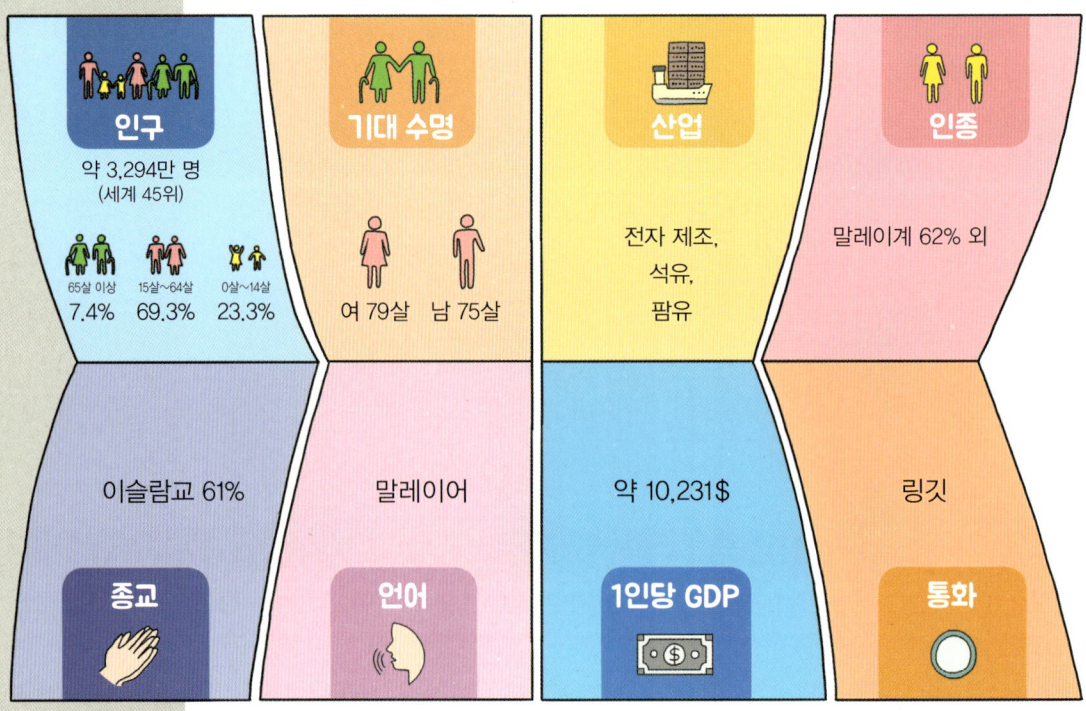

인구 약 3,294만 명 (세계 45위)
- 65살 이상 7.4%
- 15살~64살 69.3%
- 0살~14살 23.3%

기대 수명 여 79살 남 75살

산업 전자 제조, 석유, 팜유

인종 말레이계 62% 외

종교 이슬람교 61%

언어 말레이어

1인당 GDP 약 10,231$

통화 링깃

페트로나스 트윈 타워

코타키나발루의 모스크

말레이시아의 젊은이들

브루나이다루살람

면적:
약 5,770㎢
(경기도의 0.5배)

수도:
반다르스리브가완

시차:
한국보다 1시간 늦음

술탄이 다스리는 평화의 왕국
브루나이
Brunei Darussalam

반다르스리브가완

동남아시아에서 유일하게 이슬람 국가의 왕인 술탄이 직접 통치하는 전제 군주제 국가예요. 이슬람교가 국교이고, 이슬람식 율법인 샤리아를 철저하게 따릅니다. 석유와 천연가스가 풍부하게 매장된 덕분에 국민 소득이 높을 뿐 아니라 국민들은 세금을 내지 않습니다. 국토가 동서로 갈라져 있는데 인구 대부분이 서쪽 영토에 살고 있어요. 금으로 장식된 중앙돔이 눈에 띄는 술탄 오마르 알리 사이푸딘 모스크는 브루나이를 대표하는 건축물이에요.

인구 약 46만 명 (세계 173위)
65살 이상 6% / 15살~64살 72.1% / 0살~14살 21.9%

기대 수명 여 77살 남 75살

산업 석유, 석유화학, 어업

인종 말레이계 66% 외

종교 이슬람교 81%

언어 말레이어, 영어

1인당 GDP 약 26,061$

통화 브루나이 달러

술탄 오마르 알리 사이푸딘 모스크

수상 마을

석유 저장 탱크

싱가포르공화국

면적:
약 719㎢
(서울의 1.2배)

수도:
싱가포르

시차:
한국보다 1시간 늦음

작지만 부강한 도시 국가
싱가포르
Republic of Singapore

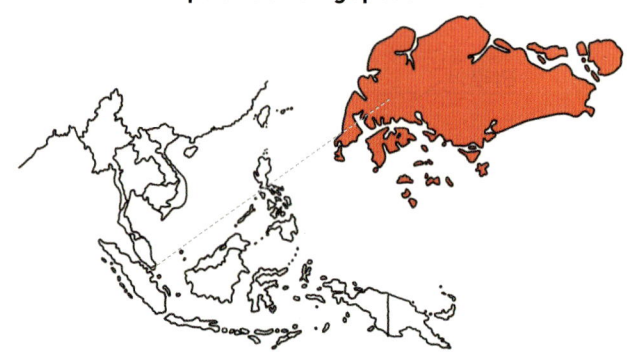

싱가포르란 이름은 산스크리트어로 '사자의 도시'라는 뜻인 싱아푸라에서 유래했어요. 도시 하나가 곧 나라인 도시 국가라 아주 작아서 '빨간 점(red dot)'이라고도 불러요. 19세기에 영국이 새 항구로 개발하면서 현대 싱가포르의 역사가 시작해요. 잠시 말레이시아 연방에 참여하지만 1965년 분리 독립한 후 눈부신 경제 발전을 이뤄 국제 금융과 무역 중심지가 됐지요. 중국계, 말레이계, 인도계 등 다양한 인종이 어울려 살아서 공용어가 네 가지예요.

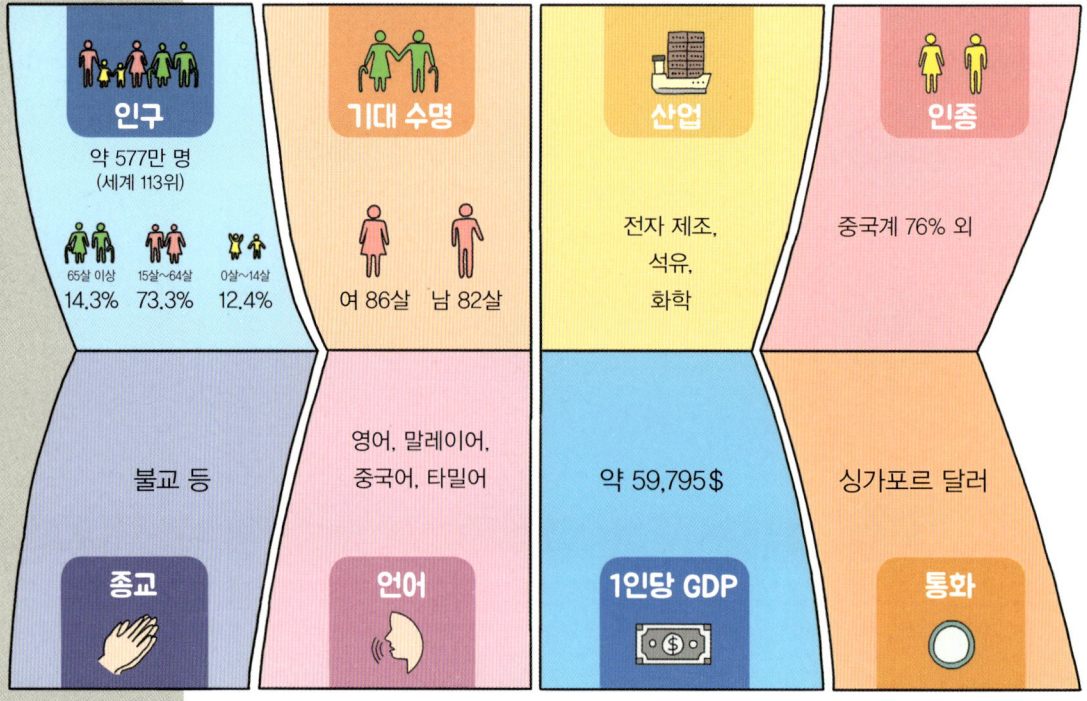

인구
약 577만 명
(세계 113위)
65살 이상 14.3% 15살~64살 73.3% 0살~14살 12.4%

기대 수명
여 86살 남 82살

산업
전자 제조, 석유, 화학

인종
중국계 76% 외

종교
불교 등

언어
영어, 말레이어, 중국어, 타밀어

1인당 GDP
약 59,795$

통화
싱가포르 달러

마리나베이와 멀라이언 상

가든바이더베이

리틀인디아의 샵하우스

무지갯빛 다채로운 동남아시아를 알아보아요

01 동남아? 동남아시아? 대체 어디를 말하는 거죠?

해양부 동남아시아는 주로 수많은 섬으로 이루어진 다섯 나라 필리핀, 인도네시아, 말레이시아, 브루나이, 싱가포르를 말해요. 천 년 넘게 동양과 서양을 이어 준 뱃길인 믈라카 해협이 있어서 세계 각지에서 무역상들이 몰려왔어요. 그래서 곳곳에 항구가 생겨났고 그 항구들을 중심으로 다양한 문화를 받아들여 왔죠.

해양부 동남아시아

필리핀

동티모르

먼저 세계 지도를 펼쳐서 우리나라가 속한 아시아 대륙을 살펴볼까요? 우리나라에서 조금 아래로 눈을 돌려 보면 중국과 인도 사이에 길게 뻗은 반도와 수많은 섬이 보이지요? 바로 그곳을 동남아시아, 줄여서 '동남아'라고 불러요. 동남아시아는 인도양과 태평양이 만나는 곳인데다 오래전부터 중요한 뱃길이 지나가서 옛날부터 세계 각지에서 배가 찾아왔어요. 그래서 이름도 여러 가지예요.

옛날 인도인들은 동남아시아 지역을 '황금의 땅'이라는 뜻인 '수완나부미'라고 불렀어요. 중국에서는 '남쪽 바다'라는 뜻에서 '난양(南洋)'이라고 불렀고요. 항해를 도와주는 바람의 방향이 바뀌는 곳이라고 해서 '바람 아래의 땅'이라고도 합니다. '동남아시아'라는 표현은 20세기에야 등장했고 시기마다 그 의미가 조금씩 달랐는데, 지금은 보통 동남아시아 국가들의 연합인 아세안(ASEAN)에 가입한 10개 나라를 일컫습니다. 이 책에서는 아세안 10개국을 중심으로 동남아시아를 살펴볼게요.

동남아시아는 아시아 대륙에 연결된 대륙부(Mainland) 동남아시아와 주로 섬으로 이루어진 해양부(Maritime) 동남아시아로 크게 나눌 수 있어요.

대륙부 동남아시아에는 미얀마, 태국, 라오스, 캄보디아, 베트남 이렇게 다섯 나라가 있어요. 다섯 나라 모두 중국 남쪽부터 길게 뻗은 반도에 자리 잡고 있죠. 이 반도는 중국과 인도 사이에 있다고 인도차이나반도라고 불러요. 인도차이나반도에는 히말라야산맥과 이어지는 북쪽

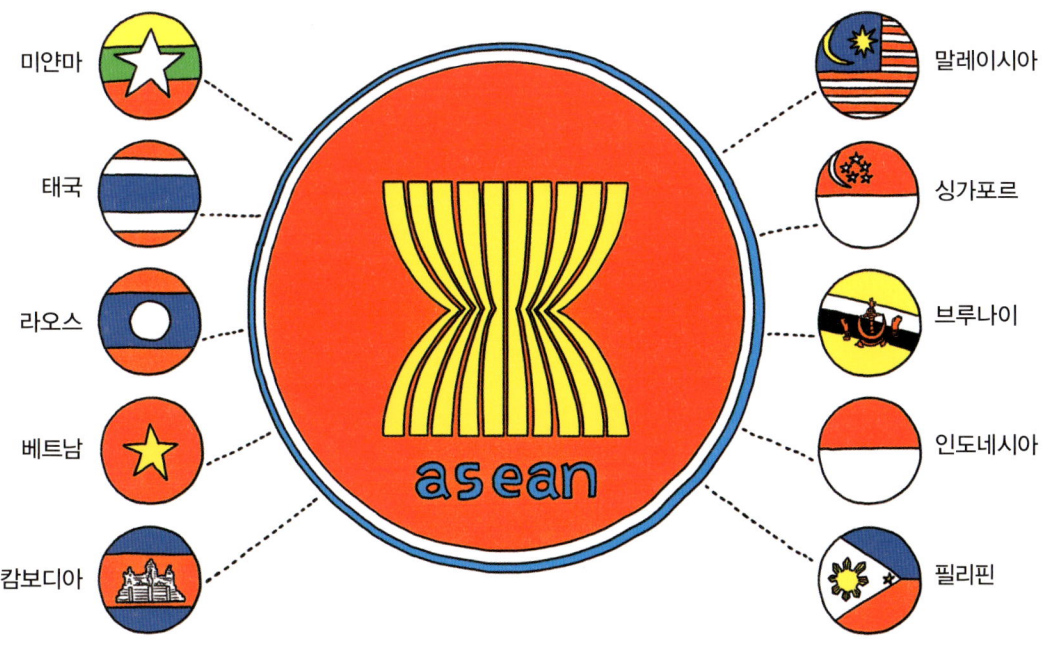

'동남아시아'라 하면 보통 '동남아시아 국가 연합'인 아세안(ASEAN)에 가입한 10개 나라를 일컫습니다. 아세안 엠블럼의 동그라미는 아세안 나라들의 통합을 의미하고 10개의 볏짚 묶음은 10개 나라들의 화합을 상징해요.

의 고산 지대에서 시작해 남쪽으로 흐르는 큰 강이 여럿 있고 이 강을 따라 사람들이 모여 살기 시작했어요. 강 하류의 비옥한 평야에서는 일찍부터 벼농사를 지었지요. 이런 강 중에서도 메콩강은 중국 남쪽에서 시작해 대륙부 동남아시아의 다섯 나라를 모두 통과하며 하나로 이어 주는 강입니다. 또 강이 바다와 만나는 지점마다 항구가 생기고 바다 무역과 강 무역이 함께 발달했어요. 동남아시아에서 유일하게 바다가 없는 내륙 국가인 라오스도 메콩강을 통해 무역을 했을 정도랍니다.

　해양부 동남아시아에는 필리핀, 인도네시아, 말레이시아, 브루나이, 싱가포르 이렇게 다섯 나라가 있어요. 이 나라들은 인도네시아, 필리핀, 싱가포르처럼 수많은 섬으로 이루어졌거나, 브루나이처럼 섬의 일부이거나, 말레이시아처럼 바다로 길게 뻗은 반도와 섬의 일부로 이루어져 있어요. 그래서 섬이라는 뜻에서 '도서부' 동남아시아라고도 불러요.

　해양부 동남아시아에는 천 년 넘게 동서양을 이어 주는 바닷길인 믈라카 해협이 있는데, 오늘날에도 전 세계 선박의 25퍼센트가 지나갈 만큼 중요한 뱃길이에요. 오래전부터 이 뱃길을 따라 여러 항구가 등장했고 항구를 중심으로 국가가 세워졌어요. 항구를 통해 무역을 하고 다른

문명과 만나는 일이 일상이어서 오랜 세월 동안 다채로운 문화가 섞이고, 영향을 주고받으며 '열린 문화'를 만들어 냈지요.

그런데 인도네시아 동쪽 끄트머리에 자리 잡은 동티모르라는 작은 나라는 동남아시아에 속할까요, 아닐까요? 동티모르는 300년 넘게 포르투갈의 식민지였다가 1975년에야 독립했어요. 하지만 곧 옆 나라 인도네시아가 군대를 끌고 와 동티모르를 점령하는 일이 벌어졌지요. 동티모르 사람들은 여기에 굴하지 않고 끊임없이 독립을 요구하며 저항했어요. 오랜 저항 끝에 1999년 유엔이 주관한 주민 투표로 독립을 결정하고 정식으로 새 나라가 됩니다.

동티모르는 아세안에 가입하겠다는 의지를 밝히긴 했으나 아직 가입하지는 않았어요. 한때 인도네시아에 속했기 때문에 동남아시아의 일부로 보기도 해요. 하지만 인종적, 문화적으로는 아시아보다 파푸아뉴기니나 오스트레일리아 같은 태평양 지역에 더 가깝답니다.

02 바람을 타고 온 배들이 다양한 종교를 전해 줬어요

종교는 그 나라와 지역의 역사와 문화에 엄청난 영향을 끼쳐요. 그래서 어떤 나라나 지역을 공부하거나 여행할 때 종교를 미리 알아보는 건 매우 중요해요. 그럼, 동남아시아 사람들이 어떤 종교를 믿는지 알아볼까요?

(신도 수로 따지자면) 동남아시아에서 제일 큰 종교는 이슬람교예요. 인도네시아는 세계에서 이슬람 인구가 가장 많은 나라이고, 말레이시아와 브루나이는 국교가 이슬람교거든요. (태국 남부와 필리핀 남부에도 이슬람교도가 많이 살아요.) 그다음으로 큰 종교는 불교예요. 대륙부 동남아시아의 미얀마, 태국, 라오스, 캄보디아에서는 국민의 절대 다수가 불교를 믿거든요. 베트남은 오래전부터 유교 문화권이면서 불교도와 가톨릭교도도 상당합니다. 한편 필리핀은 아시아에 하나뿐인 가톨릭 국가예요. 거기에 각 나라마다 개신교를 믿는 곳도 있고, 발리처럼 힌두교도가 많은 곳도 있고, 아직 애니미즘이 강한 곳도 있어서 동남아시아에는 종교가 정말 다양해요. 세계의 다른 지역과 비교해 보면 더 그렇죠. 라틴 아메리카는 대륙 전체가 가톨릭 문화권이고, 우리나라가 속해 있는 동아시아는 유교 문화권, 중동은 이슬람, 유럽은 그리스도교 문화라고 하잖아요. 이렇게 보통 한 지역에서는 한 종교를 믿는 경우가 많은데, 어째서 동남아시아에는 이렇게 다양한 종교가 있는 걸까요?

가장 큰 이유는 동남아시아가 오래전부터 전 세계 무역상들이 오가는 길목이어서 일찍부터 새로운 문물을 계속 받아들였기 때문이에요.

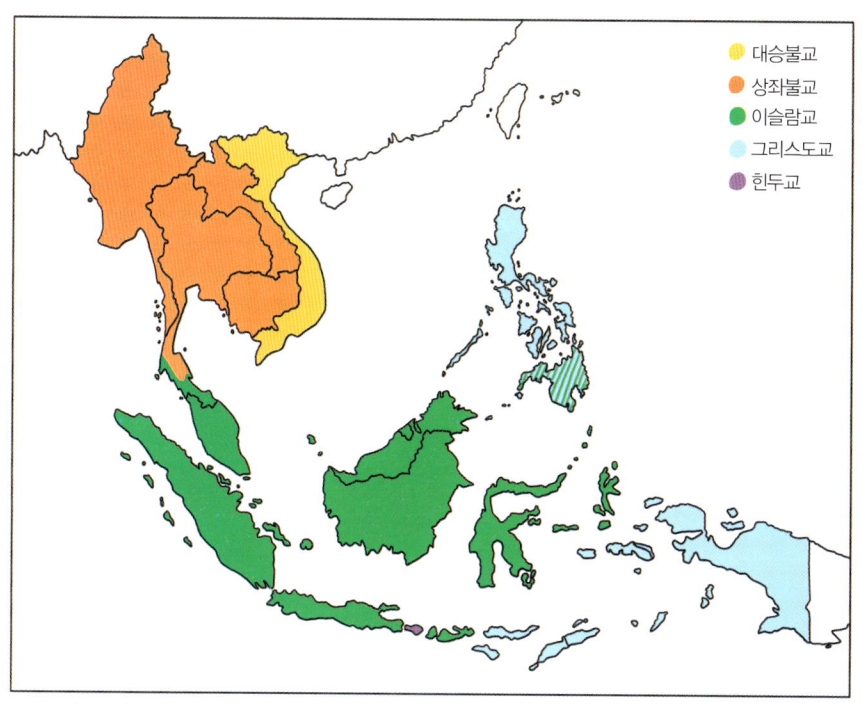

동남아시아 종교 분포

증기선이 발명되기 전에는 배로 항해하려면 가려는 방향과 맞는 바람을 타야 했답니다. 아시아에서 바람은 계절에 따라 방향이 반대로 바뀝니다. 그래서 중동이나 인도에서 중국이나 동남아시아에 갔다가 혹은 중국이나 일본 배가 동남아시아에 왔다가 돌아가려면 바람의 방향이 바뀔 때까지 몇 달이고 기다려야 했어요. 그렇게 오래 머물면서 뱃사람들이 가져온 문화가 자연스럽게 동남아시아에 스며들게 된 것이지요.

 그중에서도 가장 먼저 받아들인 외래 문화가 인도 문화예요. 기원 초부터 인도인들이 전해 준 문화는 천 년 넘게 동남아시아 전체에 큰 영향을 미쳤어요. 인도의 영향을 받았다는 건 곧 힌두교의 영향을 받았다는 뜻이기도 해요. 힌두교는 인도에서 시작됐고 인도에서 가장 큰 종교니까요. 그래서 힌두교 신화 「라마야나」와 「마하바라타」도 동남아시아에 전해져 자리 잡았어요. 「라마야나」는 주인공인 왕자 라마가 원숭이 부대의 도움을 받아 유괴당한 아내 신타를 찾는 이야기예요. 「마하바라타」는 판다와 다섯 형제가 잃어버린 왕국을 되찾기 위해 겪는 길고 긴

모험과 전쟁에 관한 이야기이고요. 인도와 동남아시아에서는 「마하바라타」와 「라마야나」에 등장하는 신의 이름을 따서 사람 이름을 지어요. 인도네시아의 첫 대통령 '수카르노'의 이름은 「마하바라타」의 '카르나'에서, 지금 태국의 왕은 '라마 10세'인데 바로 「라마야나」의 그 '라마'에서 따온 이름입니다.

태국의 방콕 수완나품 국제 공항에는 아주 크고 화려한 조각상이 있습니다. 이는 바로 「마하바라타」의 천지 창조 이야기를 묘사한 것이랍니다. 이 이야기에 따르면 영원한 생명수 암리타를 만들기 위해 상상의 산(山) 만다라를 거대한 뱀으로 칭칭 감고 우유의 바다를 천 년이나 저었더니 수많은 신이 탄생하고 태양, 달, 나무가 만들어지면서 세상이 창조되었다고 합니다. 이 장면은 캄보디아 앙코르 와트의 벽에도 거대한 부조로 새겨져 있어요. 그리고 인도네시아와 태국 모두 국가의 상징인 국장이 새 모습인데, 이 새는 「마하바라타」에 등장하는, 반은 사람이고 반은 독수리인 전설의 새 '가루다'입니다. 이렇게 동남아시아 곳곳에서 이 두 신화의 흔적을 발견할 수 있어요.

하지만 앞에서도 살펴봤듯이 오늘날 동남아시아에는 힌두교를 믿는 곳이 많지는 않아요. 가장 큰 이유는 인도와 힌두교의 영향을 받은 뒤로도 계속해서 다른 종교

방콕 수완나품 공항의 '우유의 바다 젓기' 조각상

를 받아들였기 때문일 거예요. 어떤 것인지 차례차례 살펴볼까요?

먼저 인도에서 시작된 또 다른 종교인 불교도 일찍부터 동남아시아에 들어왔어요. 특히 인도와 가까운 미얀마는 기원전부터 불교를 받아들였다고 하니, 그 역사가 참 길지요. 미얀마의 바간에는 몇 백 년에 걸쳐 지은 불교 사원과 탑이 3,500개 넘게 있어 도시 전체가 유적지입니다. 이웃인 태국의 수코타이와 아유타야에 가면 여러 시대에 걸친 찬란한 불교 왕국의 흔적을 볼 수 있어요. 또한 캄보디아와 라오스도 불교를 받아들여 나라의 힘을 하나로 모으는 중심으로 삼았어요. 지금도 미얀마, 태국, 캄보디아, 라오스에는 불교를 믿는 사람이 많아요.

15세기쯤부터는 중동의 무역상들이 항구로 찾아오면서 이슬람교를 받아들이기 시작해요. 당시에 이슬람 국가들은 군사력도 우월하고 문화도 많이 발달했을 뿐더러 이슬람교도들 사이에는 네트워크가 있어서 무역하기에 매우 유리했어요. 그래서 무역이 활발한 항구가 많았던 지

금의 인도네시아와 말레이시아를 중심으로 이슬람교로 개종하는 사람들이 차츰 늘어났어요. 그러면서 바닷가 항구에서 동쪽 방향으로 이슬람 세력이 커졌고 기존의 힌두교도들은 점점 더 동쪽 끝으로 밀려나게 되었지요. 결국 발리섬으로 쫓겨났답니다. 이게 바로 인도네시아에서 유독 발리에만 힌두교도가 많은 까닭이랍니다. 발리는 힌두 문화를 잘 보존하고 있는, 전 세계인이 찾는 문화 관광의 명소이지요.

16세기에는 포르투갈과 스페인 사람들이 동남아시아를 찾아와요. 그러면서 가톨릭 선교가 시작되지요. 특히 스페인의 식민지였던 필리핀은 나라 전체가 가톨릭을 믿게 됐죠. 뒤이어 프랑스, 영국, 네덜란드가 선교단을 파견하면서 동남아시아 각지에 그리스도교가 퍼지게 됩니다. 이렇게 여러 종교를 받아들이면서 동남아시아에는 다양한 종교가 공존하게 됐어요. 인도, 중국, 중동, 유럽의 무역상이 차례로 찾아와 문화를 전해 준 역사를 잘 보여 주는 곳은 말레이시아의 믈라카예요. 지금도 중요한 뱃길인 믈라카 해협에 자리 잡은 이곳은 500년 전 동남아시아에서 제일 큰 항구였어요. 그러다 보니 전 세계 무역상들이 찾아오고 눌러앉아 살게 됐거든요. 믈라카에는 힌두교 사원, 불교나 도교 사원, 이슬람 모스크가 나란히 늘어서 있고, 강 건너에는 유럽인이 세운 가톨릭 성당과 개신교 교회가 있어요. 종교, 식습관, 피부색이 다른 사람들이 따로 또 같이 어울려 살아가는 이런 풍경이야말로 동남아시아가 거쳐 온 역사를 잘 보여 주는 것 같아요.

03 향료와 후추를 찾아 유럽 사람들이 몰려왔어요

유럽 사람들은 향료와 후추를 구하러 동남아시아로 몰려왔어요. 당시 향료와 후추는 굉장히 귀한 사치품이라 유럽에서 비싼 값에 거래되었지요. 귀한 향료인 정향과 육두구가 인도네시아 말루쿠 제도에서만 자랐거든요.

원래는 중동의 이슬람 상인들이 동남아시아로 가서 향료를 산 뒤 배에 싣고 인도양을 건너 홍해까지 갔어요.

그다음엔 낙타에 짐을 싣고 육지를 지나 지중해까지 가서 그곳 상인들에게 팔았죠.

긴긴 여정을 거쳐 유럽의 소비자들에게 도착.

그런데 포르투갈이 아프리카를 빙 돌아 인도로 가는 인도 항로를 개척하게 되었어요! 새 항로를 개척한 포르투갈은 이 남는 것 많은 장사를 독차지하고 싶었죠.

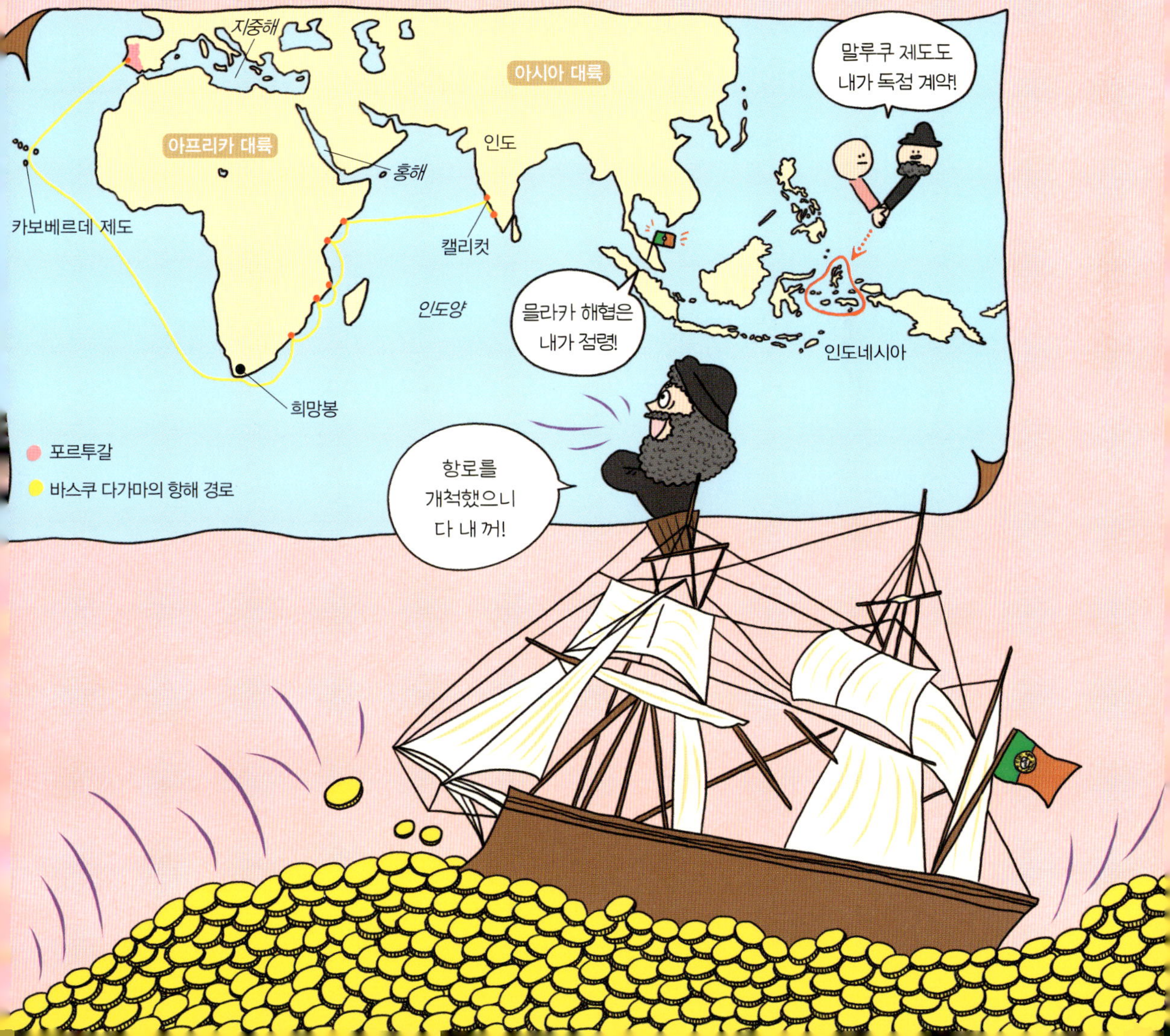

포르투갈과 스페인 사람들이 16세기부터 멀고 먼 동남아시아까지 힘들게 온 이유는 향료와 후추 때문이란 거 잘 알고 있죠? 당시에는 후추가 인도와 인도네시아에서만 났고 정향과 육두구 같은 향료도 지금 인도네시아 동쪽의 말루쿠 제도(향료 제도)에서만 자랐으니까요. 향료와 후추를 유럽으로 가져가기만 하면 몇 백 배 가격으로 팔 수 있었으니 눈독을 들일 만했죠.

16세기 전에도 유럽에서 후추와 향료가 쓰였는데 그 전까지는 그럼 어떻게 유럽까지 운반했을까요? 앞의 그림에서도 나오듯이 먼저 중동의 이슬람 상인들이 동남아시아에서 향료를 사서 배에 싣고 인도양을 건너 홍해까지 갔어요. 그다음에는 낙타에 짐을 싣고 육로로 지중해까지 가서 그곳 상인에게 팝니다. 그러면 지중해 상인들은 유럽 각지로 향료를 가지고 갔죠.

그런데 15세기 말 포르투갈의 탐험가 바스쿠 다가마가 아프리카 대륙을 빙 돌아서 인도까지 가는 항로를 개척하자, 포르투갈은 이 수지맞는 향료 무역을 독차지하고 싶어졌어요. 그래서 더 동쪽으로 가서, 앞에서도 살펴본 큰 항구 믈라카를 차지해요. 믈라카는 향료가 모여드는 곳이

었거든요. 이어서 말루쿠 제도(향료 제도)에도 군대를 보내 향료를 독점하려고 했죠.

최초로 세계 일주에 성공한 마젤란이란 사람에 대해 들어 보았나요? 마젤란도 스페인 왕의 후원을 받아 말루쿠 제도(향료 제도)로 가는 새로운 항로를 찾기 위해 항해를 시작했던 거랍니다. 그러니 당시에 향료 무역을 독차지하려는 경쟁이 얼마나 치열했는지 알 만하지요? 16세기 초 마젤란 탐험대는 바스쿠 다가마와는 반대 방향으로 지구를 한 바퀴 돌아 향료 제도에 도착했어요. 항해 중 지금의 필리핀 땅에 도착해 가톨릭 신앙을 전파하기도 했죠. (마젤란은 필리핀에서 죽었지만 살아남은 탐험대원들은 스페인으로 돌아갈 수 있었어요.) 그 후로도 스페인 사람들은 계속 필리핀에 찾아와 식민지를 세웠어요. 그리고 이 식민지를 당시 스페인 왕 펠리페 2세의 이름을 따서 '펠리페 왕의 섬들'이라고 부르기 시작했는데, 여기서 필리핀이란 이름이 유래해요.

한편 포르투갈과 스페인이 동남아시아에 식민지를 세우고 향료 무역으로 어마어마한 돈을 벌자, 유럽의 다른 나라들도 여기에 끼고 싶어졌어요. 네덜란드, 영국, 프랑스가 이 경쟁에 적극적으로 나서면서 동남아시아에서 유럽 국가끼리 전쟁을 벌이기도 했답니다. 그러다가 네덜란드는 오늘날의 인도네시아를, 영국은 미얀마·싱가포르·말레이시아·브루나이를, 프랑스는 베트남·라오스·캄보디아를 차지합니다. 그러니까 태국을 제외하고 동남아시아 전체가 유럽 식민지가 된 거예요.

유럽 사람들은 식민지에 아주 큰 농장을 세우고 원주민의 값싼 노동력을 이용해 차, 커피, 고무 같은 작물을 재배했어요. 이런 농장을 '플랜테이션'이라고 불러요. 또한 정글에서 자란 좋은 나무를 잘라 가거나 광산에서 주석 같은 광물을 캐 갔어요. 동남아시아의 플랜테이션과 광산에서 싼 값에 가져간 원료는 유럽의 공장에서 공산품을 만드는 재료가

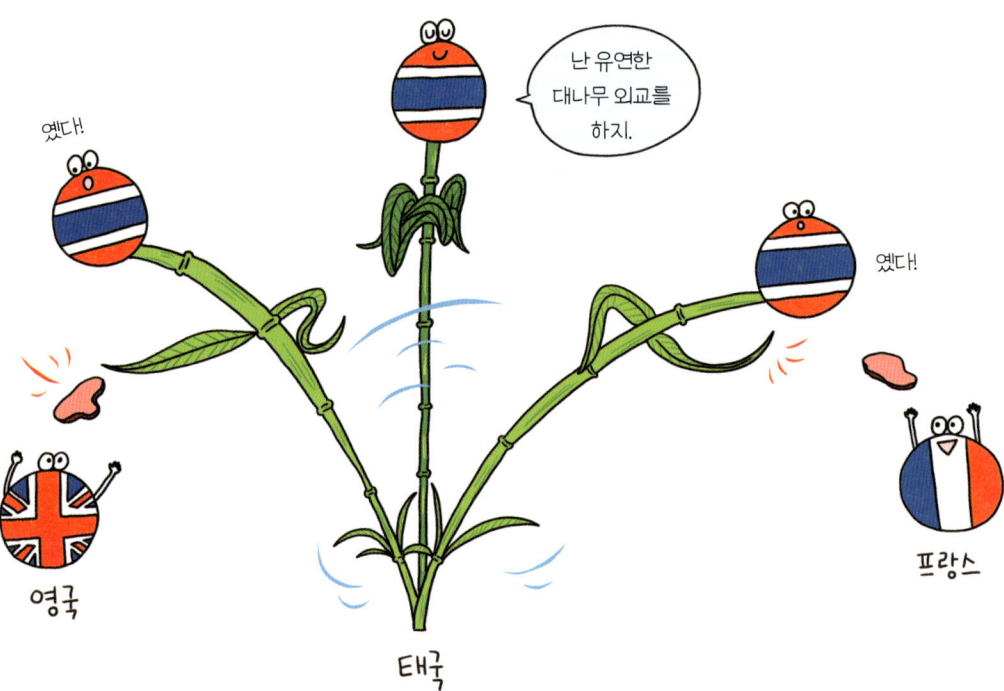

됐어요. 예를 들면 주석으로는 통조림을, 고무로는 타이어를 만들었어요. 18세기 중반에 유럽에서는 산업 혁명이 일어나 공장에서 대량으로 물건을 만들기 시작했거든요. 문제는 이렇게 해서 벌어들인 어마어마한 이윤은 모두 유럽이 가져가고 식민지에는 거의 돌아오지 않았다는 거예요. 그래서 식민지가 되기 전에는 다른 지역에 비해 훨씬 풍요로웠던 동남아시아가 이 시기를 거치면서 오히려 과거보다 가난하고 약해졌습니다.

앞에서 태국을 제외하고 동남아시아 전체가 유럽 식민지가 되었다고 했잖아요. 그런데 어떻게 태국만 식민지가 되지 않을 수 있었을까요? 몇 가지 이유가 있어요. 첫째, 태국의 지리적 위치 덕분이에요. 미얀마와 말레이시아를 차지한 영국, 그리고 베트남, 라오스, 캄보디아를 점령한 프랑스가 계속 세력을 확장하다 보면 만나는 지점이 바로 태국이거든요. 그래서 태국은 두 나라의 충돌을 막기 위한 완충 지대가 될 수 있었어요. 둘째, 태국 왕실이 일찍부터 서구 문물을 받아들여 근대화를 추진하고 적극적인 외교를 벌였기 때문이에요. 태국 왕실은 수백 년 전부터 서구 문물을 적극적으로 받아들이고 왕자들을 유럽으로 유학 보냈거든요. 덕분에 세계 정세를 일찍 읽고 독립을 지키기 위한 유연한 외교 정책을 펼 수 있었어요. 필요할 때는 영국과 프랑스에 영토의 일부를 떼어 주기도 했고요. 특히 영국과 프랑스 사이에서 이쪽 편을 들었다 저쪽 편을 들었다 하며 실용적으로 움직였는데 이런 태국의 외교가 이리저리 잘 휘는 대나무 같다고 하여 '대나무 외교'라 부르기도 합니다.

04 독립과 혼란의 시대에는 우리나라와 닮은 점이 많아요

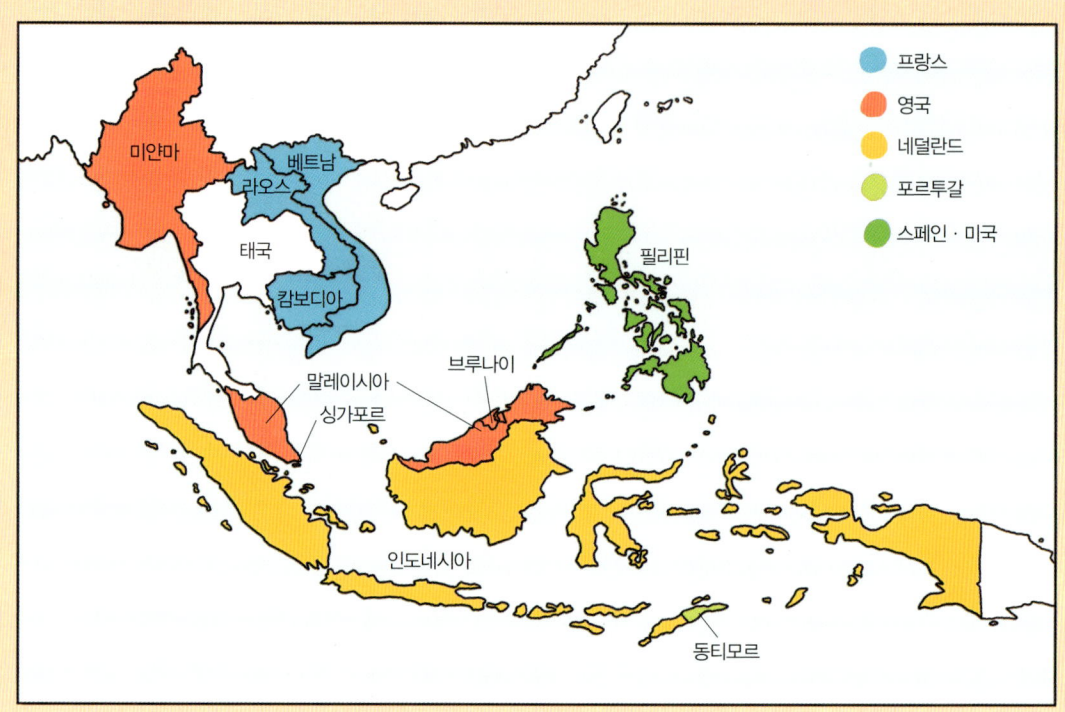

19세기 말 동남아시아 식민지 상태

동남아시아 여러 나라도 우리나라처럼 1945년 8월 15일 일본의 제2차 세계 대전 항복 선언 이후에 독립했어요. 우리가 해방 후에 남북 분단과 한국 전쟁을 겪은 것처럼, 동남아시아 나라들도 전쟁과 이념 대립으로 인한 폭력에 휩쓸렸죠. 특히 베트남은 20년이 넘는 베트남 전쟁을 치르면서 큰 고난을 겪었어요.
혼란 속에서 총칼과 탱크를 앞세운 군사 정권이 들어선 것도 닮았지요. 특히 필리핀과 인도네시아의 독재자는 우리처럼 국민들의 민주화 운동으로 물러났답니다. 이렇게 동남아시아와 우리는 독립 이후 비슷한 길을 걸어왔어요.

독립

인도네시아 1945년 8월 17일
베트남 1945년 9월 2일
필리핀 1946년 7월 4일
미얀마 1948년 1월 4일
라오스 1949년 7월 19일
캄보디아 1953년 11월 9일
말레이시아 1957년 8월 31일
싱가포르 1965년 8월 9일
브루나이 1984년 1월 1일

19세기 말 태국을 제외한 동남아시아 전체가 서구의 식민지가 되었다고 했잖아요. 그런데 1940년대 제2차 세계 대전을 겪으며 상황은 또 다른 방향으로 빠르게 변했어요. 독일, 이탈리아와 한편이 된 일본이 동남아시아를 거의 다 점령해 버린 거예요. 하루아침에 영국, 미국, 프랑스, 네덜란드 사람들은 동남아시아에서 쫓겨나고 말아요. 하지만 일본은 오래 버티지 못하고 1945년 8월 15일 무조건 항복을 선언해요. 우리나라가 일본 제국주의로부터 해방된 그날 말이에요.

그날 우리나라만 해방을 맞은 게 아니에요. 동남아시아 여러 나라도 그날 이후로 독립했거든요. 일본이 항복하고 나자 동남아시아 사람들은 다시 예전처럼 유럽 식민지로 돌아가지 않겠다고 결심해요. 그래서 인도네시아는 이틀 후인 1945년 8월 17일 독립을 선언했어요. 하지만 옛 식민지를 되찾겠다며 돌아온 네덜란드 군대와 전쟁을 치르느라 정식으로 독립하기까지는 5년이 더 걸렸지요.

베트남도 몇 주 후인 9월 2일에 독립 선언을 했지만 인도네시아와 마찬가지로, 돌아온 프랑스 군대와 싸워야 했어요. 그러고 나서도 우리나라처럼 남북으로 분단되고 맙니다. 결국 베트남 전쟁 등 20년에 걸친 전쟁까지 치르고 난 1975년에야 통일 베트남을 세울 수 있었어요. 우리도 해방 후 남북으로 분단되고 1950년부터 3년 동안 한국 전쟁을 겪었잖아요. 베트남은 통일을 이루었고 우리는 분단된 채 남았지만, 지나온 역사는 참 닮은 데가 많아요.

닮은 점은 또 있어요. 독립 후 혼란스러운 시절을 틈타 우리나라에도 동남아시아에도 총칼과 탱크를 앞세운 독재자들이 등장했어요. 필리핀의 마르코스 장군은 21년, 인도네시아의 수하르토 장군은 32년 동안이나 대통령 자리를 차지했어요. 두 사람 모두 부정부패로 호사스러운 생활을 하고 나라 재산을 빼돌렸어요. 독재와 부정부패를 비판하는 반대 세력을 무자비하게 탄압한 것은 물론이고요. 결국 두 독재자는 시민들의 민주화 운동으로 권좌에서 물러났어요. 특히 1986년 필리핀에서 마르코스 대통령을 몰아낸 '피플파워' 혁명은 바로 다음 해 한국의 6월 민주 항쟁에도 직접적인 영향을 끼쳤죠. 또한 한국 민주주의 운동은 1990년대 인도네시아의 반정부 운동에 영향을 주었다고 해요. 이렇게 아시아 각국의 민주주의는 서로에게 영향을 주고받았답니다. 인도네시아도 마침내 1998년 수하르토 대통령을 끌어내렸습니다. 지금은 인도네시아도 필리핀도 당당한 민주주의 국가랍니다.

그렇다고 동남아시아의 모든 나라가 민주주의를 누리고 있는 건 아직 아니에요. 베트남과 라오스는 사회주의 일당 체제를 유지하고 있어요. 또한 싱가포르는 형식적으로는 민주주의 국가지만 실질적으로는 권위적인 체제예요. 싱가포르의 리콴유 총리는 30년 동안이나 총리 자리를 지켰고, 2004년부터는 아들인 리셴룽이 총리가 되어 대를 이어 권력을 독점하고 있거든요. 게다가 캄보디아도 훈센 총리가 30년 넘게 총리 자리를 독차지하고 있어요. 말레이시아 역시 형식적인 민주주의 절차

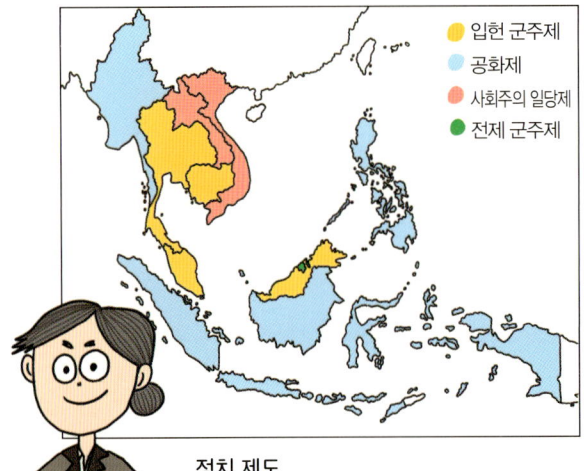

정치 제도

동남아시아 국가들은 정치 제도도 다양해요. 세습되는 왕과 선거로 뽑는 총리가 동시에 있는 입헌 군주제, 국민이 선거로 총리나 대통령을 뽑는 공화제, 정당이 하나뿐인 사회주의 일당제, 왕이 직접 다스리는 전제 군주제 등이 있어요.

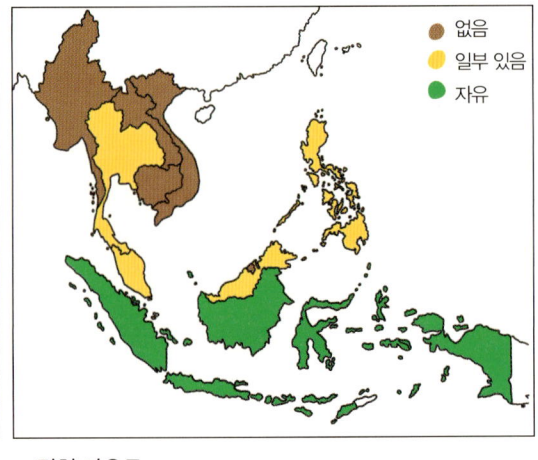

정치 자유도

아쉽게도 동남아시아의 민주주의는 아직 갈 길이 멉니다. 권위주의적인 정부가 국민의 정치적 자유를 제한하고 있는 곳이 여전히 많고, 군사 쿠데타가 일어나는 등 정치가 불안정한 곳도 있어요.

를 지키고 있었지만 그 실상을 들여다보면 권위적인 정부였어요. 그런데 2018년 총선에서 61년 만에 정권 교체를 이뤄 내면서 민주주의 물결에 합류했습니다. 말레이시아에서도 개혁을 원하는 시민들의 운동이 큰 역할을 했어요.

한편 태국은 1932년 이후로 군사 쿠데타가 스무 번도 넘게 일어났을 정도로 혼란한 가운데, 민주주의를 위한 움직임이 몇 번이나 좌절됐어요. 팬데믹이 한창이던 2020년에도 청년층을 중심으로 한 반군부 민주

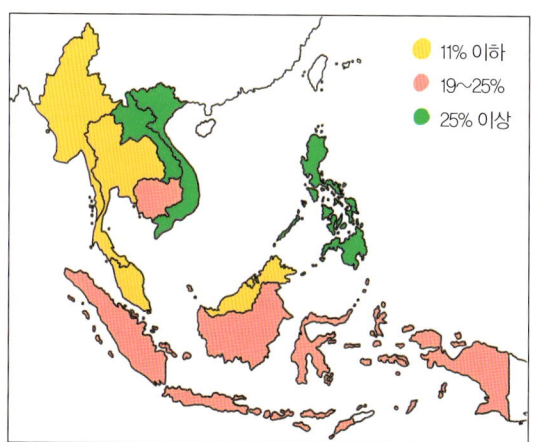

국회의원 중 여성 비율
국민의 대표인 국회의원 중 여성이 차지하는 비율은 그 나라에서 여성의 목소리가 얼마나 잘 대변되는지 보여 줍니다. 2018년 동남아시아 전체 평균은 20.3퍼센트로 국회의원 다섯 명 중 한 명이 여성이에요. 한국의 17퍼센트보다 조금 높아요.

언론 자유
신문이나 방송 같은 언론이 얼마나 정부와 정권의 눈치를 보지 않고 자유롭게 보도할 수 있는지는 정치의 자유와 바로 연결됩니다.

주의 운동이 다시 활발하게 벌어졌습니다. 또한 미얀마는 군부가 오랫동안 나라 문을 닫아 걸고 독재 정치를 펴다가 2011년에야 개방됐어요. 그런데 2021년 초 군부가 또 쿠데타를 일으키자 시민들이 반대 시위를 벌이고 있습니다. 태국과 미얀마 젊은이들은 인터넷으로 활발하게 소통하면서 국제 사회의 지지를 호소하고 있어요. 그래서 과거와는 다를 것이라는 전망도 조심스럽게 나오고 있고요. 이렇게 다시 아시아의 민주주의는 갈림길에 놓였어요.

아시아의 민주주의에 관해서는 유명한 논쟁이 있어요. 1990년대 초 싱가포르의 리콴유 총리가 외교 잡지와의 인터뷰에서 아시아 국가에는 서구 민주주의가 맞지 않는다고 주장하면서 시작되었어요. '아시아적 가치' 곧 개인보다 집단을 중시하는 유교적 가치가 안정과 성장을 가져다주고 서구식 민주주의는 아시아 사회에 혼란만 일으킨다는 것이었지요. 짧은 시간에 급속한 경제 발전을 이룬 싱가포르가 바로 그런 예라면서요.

하지만 당시 우리나라의 야당 정치인이던 김대중 전 대통령이 같은 잡지에 「문화란 운명인가」라는 글을 써서 이런 주장에 반대합니다. 아시아에도 민주주의적 전통이 풍부하며, 다가올 정보 산업 사회를 대비하기 위해서도 민주주의를 확립하고 인권을 개선하는 일이 시급하다고요. 특히 민주주의 없는 경제 발전은 결국에는 파국을 불러일으킨다고 경고했어요. 이 논쟁은 전 세계적으로 화제가 되었고 민주주의를 향한 아시아의 도전에 큰 힘이 되었습니다.

동남아시아에는 아직 왕이 있는 나라도 여럿인데, 그 사정을 한번 살펴볼까요. 먼저 브루나이는 동남아시아에서는 유일하게 이슬람 국가의 왕인 술탄이 직접 통치하는 전제 군주제 국가예요. 천연가스와 석유가 풍부한 덕분에 술탄도 부자라서 국민들에게 세금을 걷지 않고 교육과 의료도 무료랍니다. 말레이시아에도 술탄이 있는데 특이하게도 9명의 술탄이 5년마다 번갈아 가며 대표 술탄이 된다네요. 어떻게 된 사연이

냐고요?

말레이시아는 미국처럼 국가 권력을 나눠 갖는 여러 주가 모여 하나의 나라를 이룬 연방제 국가입니다. 말레이시아의 주 중에는 주지사가 있는 주도 있지만 식민지가 되기 전부터 술탄이 다스려 온 주도 있었거든요. 이 술탄들이 번갈아 가며 말레이시아 전체의 술탄이 되기로 하면서 말레이시아는 특이한 연방제 입헌 군주국이 되었어요.

캄보디아에서는 왕의 존재감이 별로 크지 않은데, 태국 국민들은 왕에 대한 사랑이 굉장해요. 특히 지난 2016년 세상을 떠난 푸미폰 왕은 재위 50년 동안 절대적인 존경을 받았습니다. 그런데 이런 왕실 사랑이 태국에서 민주주의가 자리 잡는 데 걸림돌이 된다는 목소리 또한 높아지고 있어요. 왕실 비판을 금지하는 엄격한 법이 있어서 표현과 언론의 자유를 가로막고 있거든요.

05 어떻게 수백 가지 언어가 공존할 수 있을까요?

미얀마: 미얀마어
태국: 태국어
라오스: 라오어
캄보디아: 크메르어
베트남: 베트남어
필리핀: 필리핀어, 영어
인도네시아: 인도네시아어
말레이시아: 말레이어
브루나이: 말레이어, 영어
싱가포르: 영어, 말레이어, 중국어, 타밀어

동남아시아에는 종교와 종족도 다양하지만 언어 또한 정말 다양해요. 인도네시아 한 나라 안에만 700가지가 넘는 말이 있고, 그 정도까지는 아니어도 종족이나 지역에 따라 다른 말을 쓰는 나라도 여럿이에요. 그러다 보니 집에서 가족끼리 쓰는 말과 학교나 방송에서 쓰는 공용어와 국어가 다른 경우도 있어요. 그래서 2개 이상의 언어를 쓰는 사람도 많지요. 한국인이라면 모두 한국어를 쓰는 우리에겐 조금 낯선 풍경입니다. 여러 종족이 한 나라를 이루다 보니 자연스럽게 벌어지는 일이랍니다.

나라마다 상황은 조금씩 다른데 먼저 해양부 동남아시아부터 살펴볼까요? 우선 말레이시아는 말레이어를 국어로 사용합니다. 말레이어는 무역이 활발했던 대항해 시대부터 서로 다른 나라에서 온 상인들이 의사소통용으로 널리 쓰던 만국 공통어(Lingua Franca)이기도 해요. 지금 우리가 세계 어디를 가나 영어를 쓰듯이 당시 유럽, 중동, 인도, 중국에서 동남아시아로 온 상인들은 현지인과 말레이어로 소통하며 물건을 사고팔았답니다. 과거 인도네시아는 지역마다 언어가 달라서 말이 안 통할 때가 많았어요. 그래서 아직 네덜란드 식민지였던 1928년 청년 지도자들이 모여 누구나 배우기 쉬운 말레이어를 공용어로 쓰기로 약속하죠. 그렇게 말레이어를 기반으로 오늘날의 인도네시아어가 탄생했어요. 그러니까 말레이어와 인도네시아어는 영국식 영어와 미국식 영어처럼 억양과 단어의 쓰임이 조금 다를 뿐 서로 통하는 말이에요. 브루나이도 말레이어를 쓰기 때문에 말레이시아, 인도네시아, 브루나이 사람은 각자 자기 나라 말을 써도 서로 이해할 수 있습니다.

중국계, 말레이계, 인도계 등이 모여 사는 싱가포르는 영어, 중국어, 말레이어, 타밀어(인도어의 하나) 이렇게 네 언어를 공식 언어로 정했어요. 필리핀은 공식적으로 필리핀어라고 하는 타갈로그어를 널리 쓰는데 갈수록 더 중요해지고 있지요. 하지만 타갈로그어 역시 수도 마닐라가 있는 루손섬 지역의 언어일 뿐이고 다른 지역에는 저마다 고유의 말이 있답니다. 필리핀은 영어를 공식 언어로 사용하기도 하죠. 그래서 우리나라 사람들이 영어 연수를 많이 가요. 필리핀 말고도 영어를 공식적으로 쓰는 동남아시아 나라는 말레이시아와 싱가포르예요.

대륙부 동남아시아는 나라의 경계와 언어의 경계가 대체로 일치하는 편입니다. 베트남은 베트남어를, 캄보디아는 크메르어를 사용합니다. 크메르는 캄보디아의 옛 이름이에요. 또한 라오스는 라오어를, 태국은 태국어를 쓰는데 이 두 언어는 말레이어와 인도네시아어처럼 서로 통해서 라오스 사람과 태국 사람이 각기 자기 나라 말을 해도 서로 이해할 수 있어요. 그리고 미얀마는 미얀마어를 씁니다. 대륙부 동남아시아 언어는 모두 네다섯 가지 성조가 있는 것이 특징입니다. 성조 때문에 외국인이 말을 배우기가 많이 어렵기도 합니다. 대륙부 나라들도 여러 민족이 한 나라를 이뤘기 때문에 그 안에 수많은 지역어와 소수 언어가 있다는 점을 기억하세요.

그럼 이렇게 언어가 다양한 동남아시아에서는 어떤 문자를 쓸까요? 언어만큼이나 문자도 다양할까요? 아주 옛날부터 동남아시아는 정치, 문화, 예술, 종교 등 모든 면에서 인도의 영향을 아주 많이 받았다고 했던 것, 기억하죠? 그래서 동남아시아에는 인도의 고전 문자인 산스크리트 문자에서 영향을 받은 문자가 많아요. 동글동글한 미얀마 문자, 얼핏 상형 문자 같아 보이는 태국 문자와 라오스의 라오 문자, 캄보디아의 크메르 문자는 모두 인도의 영향을 받아 발전한 문자예요.

한편 베트남은 인도보다 중국의 영향을 더 많이 받았다고 했잖아요. 그래서 옛날에는 우리처럼 한자를 썼는데, 한자는 배우기가 어려워서 많은 사람이 읽고 쓰지 못했어요. 그러다가 16세기에 베트남에 온 프랑스 신부가 배우기 쉬운 알파벳으로 베트남어를 표기하는 법 '꾸옥 응으'(국어라는 뜻)를 만들었는데, 지금까지 이 표기법을 사용하고 있답니다.

캄보디아 크메르 문자로 적힌 간판

해양부 동남아시아의 다섯 나라는 모두 공식적으로 알파벳을 사용해요. 그러니까 필리핀은 필리핀어를, 인도네시아는 인도네시아어를, 말레이시아, 브루나이, 싱가포르는 말레이어를 알파벳을 써서 표기해요. 브루나이는 아랍 문자를 이용해 말레이어를 표기하는 자위(Jawi) 문자도 함께 사용하지요. 하지만 해양부 동남아시아에 고유 문자가 없는 것은 아니에요. 인도네시아의 대표적인 지역 언어인 자바어, 순다어, 발리어는 대륙부 동남아시아처럼 산스크리트 문자의 영향을 받은 문자를 가지고 있고요. 또 필리핀과 인도네시아의 여러 섬에는 저마다 배우기 쉬운 고유 문자가 있어서 널리 사용됐었다고 해요.

한편 동남아시아 사람들은 옛날부터 흔하게 구할 수 있는 야자잎이나 대나무를 길게 잘라 그 위에 글을 썼습니다. 아직도 중요한 의식이 있으면 야자잎 위에 글을 쓰고 그림을 그린 문서를 사용합니다.

타이 문자로 적힌 간판

06 예로부터 여성 활동이 아주아주 활발했어요

예로부터 동남아시아에서는 여성의 힘이 셌다고 해요. 우리나라를 포함한 동북아시아와는 다른 문화를 가졌죠. 동남아시아에서 남자와 여자의 모습은 어떨까요?

대를 잇는다는 개념이 약해 남아 선호 사상 또한 약해요.

유산을 상속할 때 아들, 딸 차별이 크지 않아요.

아버지, 어머니 쪽 혈통을 똑같이 중요시해서 성이 없는 사람도 많아요.

남녀 교제가 자연스럽고, 연애할 때도 여성이 적극적이에요.

이혼과 재혼에 대한 편견이 그다지 없고 여성에게 크게 불리하지도 않아요.

상업을 여성의 일이라고 여겨서 엄마가 딸에게 장사하는 법을 알려줘요.

세계 젠더 지수

출처: WEF(World Economic Forum)
_ 2019년 기준

(동아시아 · 태평양 순위 / 세계 순위)

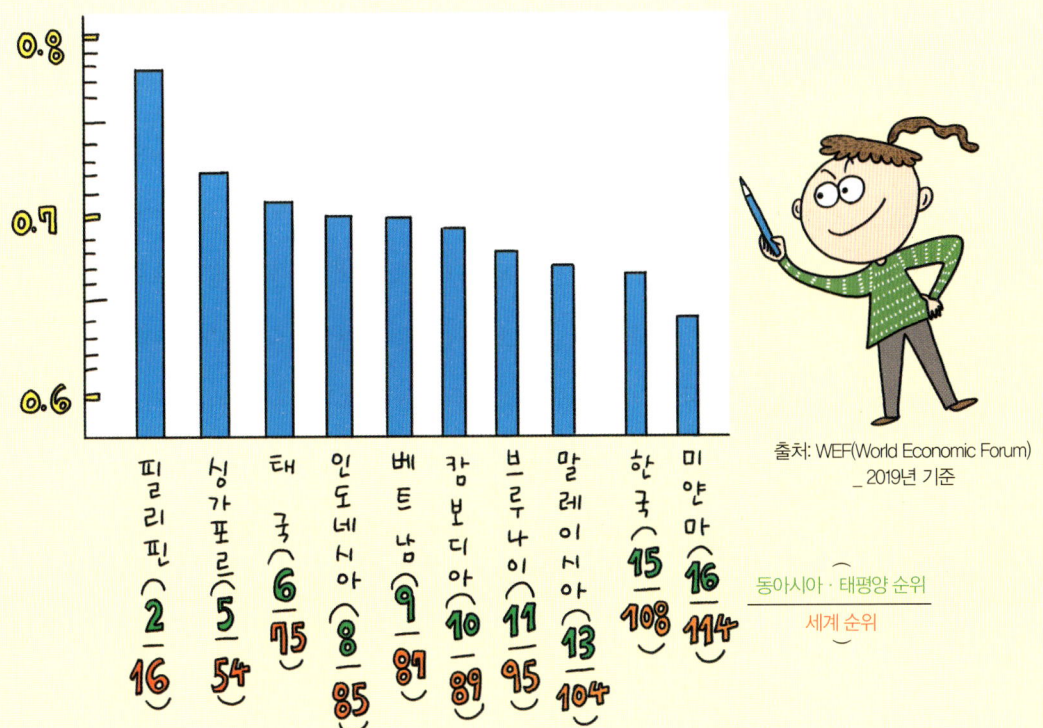

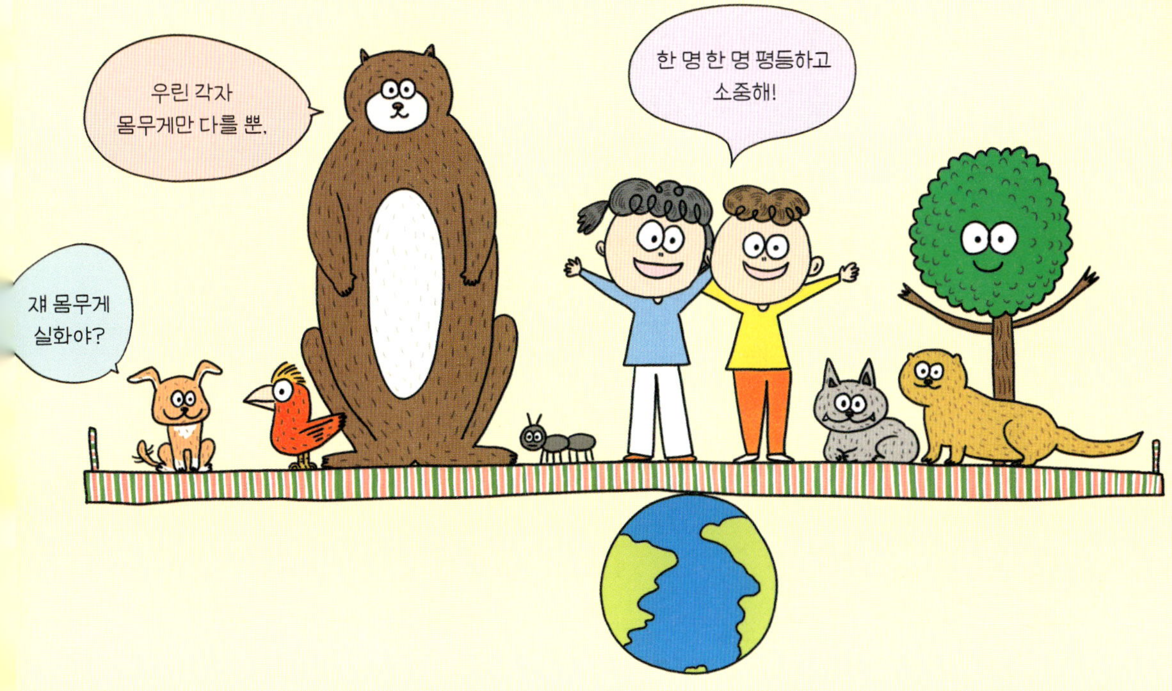

동남아시아에서는 여성의 힘이 세요. 물론 물리적인 힘을 말하는 건 아니에요. 사회에서 받는 대우를 말하는 것이지요. 우리나라도 요즘 남자와 여자의 사회적 힘이 대등한 방향으로 나아가고 있지만, 이전 시대인 조선 시대만 해도 전혀 그렇지 않았죠. 이와 다르게 동남아시아에서는 옛날부터 여성의 힘이 셌다고 해요. 어떤 면에서 그랬을까요?

먼저 동남아시아 사람들의 이름을 살펴볼까요. 보통 이름은 성과 이름으로 이루어지죠. 베트남 이름은 한국, 중국, 일본 이름처럼 성이 앞에 와요. 그 외 다른 나라에서는 성이 뒤에 올 때가 많아요. 성이 앞에 오건 뒤에 오건 아버지 성을 따를 때가 많고요. 그런데 동남아시아에는 성이 없는 사람이 많아요. 특히 미얀마, 말레이시아, 인도네시아 사람 중에는 이름이 아주 긴 데도 성이 없는 경우가 많아 우리를 깜짝 놀라게 해요. 성이 없다니 대체 어떻게 된 일일까요? 그 이유는 부계제가 아닌 양계제, 그러니까 아버지 쪽 혈통만이 아니라 아버지와 어머니 쪽을 똑같이 중요하게 여기는 가족 제도 때문이에요. 아버지 쪽 집안의 대를 잇는다는 생각이 강하지 않으니 꼭 아들을 낳아야 한다는 생각도 별로 없었대요. 그러다 보니 재산을 물려줄 때도 아들과 딸을 크게 차별하지 않았고요. 결혼하면 신부가 신랑 쪽 집에 들어가는 게 아니라, 신랑이 신부 쪽 집에 들어가 함께 사는 경우가 많았어요. 아이가 태어나면 부부가 의논해서 이름을 지었는데, 가족 제도 안에서 여성의 권한이 크다 보니 이름에서도 아버지의 성이 중요하지 않게 된 것이죠.

옛날 동남아시아 항구에 왔던 중동과 유럽 사람들은 동남아시아 여성들이 너무 독립적이고 자기 주장이 강해서 깜짝 놀랐다고 해요. 당시 중동과 유럽에서도 여성의 권한은 그리 크지 않았거든요. 우리나라를 포함, 많은 곳에서 그랬지요. 그런데 동남아시아에 와 보니 자기 나라에서와는 달리 여성이 집에만 있는 게 아니라 외국 무역상과 당당히 거래를 하고 큰 재산을 모으기도 했던 거예요. 남녀가 자유롭게 교제하고 이혼과 재혼이 어렵지 않을 뿐더러 여성에게 불리하지도 않았고요. 특히 상업을 여성의 일이라고 여겨 어머니가 딸에게 셈하는 법과 장사하는 법, 글씨 쓰는 법을 대대로 전해 주었어요.

그러다 보니 가부장적인 종교인 가톨릭과 이슬람교가 동남아시아에 들어오자 큰 갈등이 벌어졌습니다. 두 종교는 오랫동안 활동적이었던 동남아시아 여성을 집 안으로 돌려보내려고 애썼지만 그 뜻을 완전히 이루지는 못한 것 같습니다. 해마다 발표하는 '성 격차(Gender Gap)' 순위에서 동남아시아 국가들이 우리나라보다 순위가 높은 걸 보면요. '성 격차'란 한 나라 안에서 남성의 지위에 비해 여성의 지위가 어느 정도 되는지 여러 가지 통계를 모아 점수화한 것인데, 여성의 사회 진출과 활약이 클수록 그 순위가 높아져요. 그런데 가톨릭 국가인 필리핀은 오래전부터 이 부문에서 아시아 1위이자 세계에서도 높은 순위를 차지해 왔어요. 인도네시아와 말레이시아는 이슬람 국가이지만 중동의 이슬람 국가와는 달리 여성의 사회 진출이 아주 활발해요. 그래서 고위 공무원이나

동남아시아의 현대 여성 파워

베트남의 응우옌 티 프엉 타오 대표. 저가 항공 비엣젯을 이끌고 있는, 베트남 최초 자수성가 여성 억만 장자.

말레이시아의 탄 후이링. 30대에 차량 공유 서비스 그랩을 공동 창업해 동남아시아에서 가장 큰 스타트업 기업으로 키워 냈다.

인도네시아 스리 물리야니 장관은 세계 은행에서 국장직을 맡아 여성으로서 가장 높은 자리에 올랐으며 8년 넘게 인도네시아 재무부를 이끌었다.

기업인 중에도 여성이 무척 많습니다. 특히 인도네시아에서는 여성 정치인의 비율을 법으로 정하고 있어 선거 때가 되면 여성 후보자의 포스터를 아주 많이 볼 수 있어요.

그래서인지 예로부터 동남아시아에는 나라가 위기에 처했을 때 앞장서서 나라를 구한 여성 영웅과 지도자가 많았습니다. 대표적으로 1세기에 중국의 지배에 맞선 반란을 일으켜 성공한 쯩 자매는 베트남의 유명한 영웅입니다. 도시마다 이 자매를 기리는 '하이바쯩' 거리나 자매의 동상이 있을 정도예요. 태국에도 약 12세기 정도부터 번성했던 아유타야 왕국을 지킨 수리요타이 왕비를 비롯한 여성 영웅이 위기가 있을 때마다 코끼리를 타고 군사를 이끌었다고 해요. 16세기 인도네시아에서는 여성 해군 제독 말라하야티가 당시 무적이라 불리던 네덜란드 함대를 상대하여 큰 승리를 거둘 정도로 바다를 호령했습니다. 그 소문을 들은 영국이 싸움을 포기하고 협상을 택할 정도였죠. 말라하야티는 세계 최초의 여성 해군 제독이기도 합니다.

현대에도 베트남 전쟁 중에 외무부 장관을 지냈던 응우옌티빈 장관은 협상가이자 대외 홍보 대사로, 여성 게릴라 부대를 이끌었던 응우옌티딘 장군은 전략가로, 큰 활약을 했어요. 필리핀의 피플파워 혁명을 이끌고 민주화 이후 대통령이 된 코라손 아키노 여사, 인도네시아 민주화 운동 이후 대통령이 된 메가와티 여사, 군부 통치에 맞서 미얀마의 민주화 운동을 이끈 아웅산 수 찌 여사도 빼놓을 수 없겠죠.

07 쌀이 주식이고, 피시 소스와 다양한 향신료를 써요

코코넛과 코코넛오일, 코코넛밀크

태국 길거리 과일 시장

육두구

정향

팔각

피시 소스

베트남 길거리 시장

각종 향신료

고수

말레이시아 길거리 음식

인도네시아 볶음 국수 미고렝

인도네시아 볶음밥 나시고렝

　앞에서 살펴봤듯이 동남아시아 국가 연합 '아세안(ASEAN)'을 상징하는 엠블럼은 볏단 10개를 묶은 모양이에요. 10개 회원국이 모두 쌀을 주식으로 하니 아주 잘 어울리는 상징이죠. 또 그만큼 쌀이 중요하다는 뜻이기도 하고요. 동남아시아의 벼농사 역사는 우리보다 훨씬 오래되었어요. 유네스코 문화유산이기도 한 인도네시아 발리나 필리핀 이푸가오의 계단식 논은 수천 년이 되었다고 합니다. 동남아시아 여러 나라에서는 만나면 제일 먼저 '밥 먹었냐'고 물어보는 것이 인사입니다. 그런데 동남아시아에서 주로 먹는 쌀은 우리가 먹는 자포니카종과는 달라요. 동남아시아 쌀은 인디카종이라고 하는데, 길쭉하고 찰기가 없어요. 이 쌀로 밥을 지을 때는 수분을 날려서 더운 날씨에도 상하지 않게 해요. 밥을 따뜻하게 먹는 우리와는 달리 소쿠리에 담아 식혀서 먹고요.

베트남 월남쌈 고이꾸온

베트남 반미

동남아시아에서 쌀 문화가 얼마나 발달했는지는 각국의 아침 식사만 봐도 알 수 있어요. 베트남에서는 아침에 쌀국수인 퍼나 찹쌀밥인 쏘이에 다양한 반찬을 얹어 먹어요. 라오스와 태국에서는 카오니야오라고 부르는 찹쌀밥을 꼬치 구이 등에 곁들여 먹죠. 쌀죽인 쪽이나 국물에 밥을 만 카오톰도 인기 있는 아침 식사예요. 미얀마에서는 메기를 끓여 국물에 만 쌀국수인 모힝가를 먹어요. 말레이시아와 싱가포르에서는 코코넛밀크와 각종 향신료를 넣고 지어 기름기가 도는 밥 나시르막에, 말린 생선이나 땅콩 혹은 매운 양념인 삼발을 곁들여 먹고요. 인도네시아에서는 볶음밥 나시고렝이나 쌀죽 부부르가 국민 아침 식사입니다. 필리핀에서도 아침에는 쌀밥에 굽거나 말린 생선 등을 곁들여 먹어요. 이렇게 동남아시아의 아침 식사에는 쌀이 빠지지 않지요.

태국 샐러드 쏨땀

태국 그린커리

　한편 동남아시아에서는 기본 양념으로 생선을 발효시켜 만든 어장을 많이 써요. 작은 생선에 소금을 뿌려 오랫동안 발효시켜 만드는 맑은 장을 영어로 '피시 소스'라고 부르죠. 베트남에서는 '느억맘', 태국에서는 '남쁠라', 캄보디아에서는 '쁘로혹'이라고 불러요. 미얀마에서는 '응아삐', 말레이시아와 인도네시아에서는 '블라찬'이라고 하는 생선으로 만든 장을 즐겨 먹고요.

　또 다양한 향신료와 허브를 사용하는 것도 동남아시아 음식의 특징이랍니다. 고추, 마늘, 샬롯('작은 양파'라고 불림) 같은 매운 양념을 많이 쓰기 때문에 가끔 깜짝 놀랄 만큼 매운 음식을 만날 수도 있으니 조심해야 합니다. 각종 향신료를 쓴 다채로운 커리나 다양한 향료와 고수 같은 허브를 써서 향을 낸 음식이 많아서 낯설게 느껴질 때도 있어요.

말레이시아, 싱가포르 로티프라타와 테타릭

미얀마 쌀국수 모힝가

　동남아시아 음식, 특히 태국과 베트남 음식은 전 세계적으로 인기가 많아요. 특히 서구 사회 어디에서도 베트남 음식점을 쉽게 만날 수 있는데, 이는 안타깝게도 베트남 전쟁과 관련 있어요. 베트남 전쟁으로 난민이 된 사람들이 새로 정착한 낯선 나라에서 먹고살기 위해 음식점을 열면서 베트남 음식이 널리 알려진 거예요. 우리에게도 이제는 꽤 익숙한 베트남 음식은 참 맛있는데, 널리 알려진 이유는 엄청 슬프지요.

　베트남 음식점에 가면 어떤 음식이 있을까요? 고기로 국물을 내어 쌀국수를 말아 먹는 퍼, 즉 베트남 쌀국수가 대표적이지요. 또 바게트 사이에 야채와 고기를 끼워 먹는 반미, 라이스 페이퍼에 야채와 새우 등을 싸 먹는 월남쌈 고이꾸온 또는 넴꾸온도 있고요.

　그런데 태국 음식도 베트남 전쟁으로 인해 유명해졌다는 사실, 아나요? 베트남 전쟁에 파병된 미국 군인들이 가까운 태국으로 종종 휴가를 떠났거든요. 태국 사람들은 매운 음식을 잘 못 먹는 미국 군인들을 위해 맵지 않은 볶음 국수를 만들어 팔았지요. 그 맵지 않은 볶음 국수가 팟타이예요. 팟타이의 인기가 높아지면서 태국의 대표 음식이 되었답니다. 그 외에도 세계 3대 수프로 꼽히는 매콤 달콤 새콤한 똠얌, 어린 파파야를 채쳐 만든 샐러드 솜땀, 태국식 치킨 까이양 등도 유명합니다. 라오스 음식 중에는 국민 요리라고 할 만큼 즐겨 먹는 볶은 고기 샐러드 랍이 대표적이에요.

캄보디아에는 동남아시아에서 제일 큰 호수인 톤레삽 호수가 있어서 물고기가 풍부해요. 물고기를 코코넛밀크에 버무려 찐 아목이란 음식이 유명하지요. 말레이시아와 싱가포르의 유명한 음식으로는 락사가 있어요. 옛날에 무역을 하러 온 중국 사람들이 현지 여성과 결혼해 말레이 반도에 정착하기도 했는데, 그 후손을 '프라나칸'이라고 불러요. 프라나칸은 중국식과 현지식을 섞어 조화를 이루는 독특한 음식 문화를 만들어 냈답니다. 락사는 그 대표 음식으로, 동남아시아 산 재료를 중국식으로 요리한 수프이지요. 닭 육수로 밥을 지어 닭고기를 얹어 먹는 치킨 라이스도 별미입니다. 인도네시아에는 유명한 볶음 국수 미고렝이 있는데, 짭짤한 소스에 닭고기나 새우를 넣고 국수와 함께 볶아 인도네시아식 꼬치 구이인 사테나 계란 후라이를 곁들여 먹지요.

한편 동남아시아에서는 차와 커피를 많이 마셔요. 오래전부터 차와

카페쓰어(베트남 연유 커피)

테타릭

커피를 재배했기 때문이랍니다. 요즘 우리나라에서도 연유를 넣은 달콤한 베트남 혹은 라오스식 커피가 인기 있죠. 목초지가 없어 우유를 구하기도 힘들고, 구한다 해도 신선하게 보관할 냉장 기술이 없던 옛날에 우유 넣은 커피를 먹기 위해서 고안한 것이라고 해요. 연유는 실온에서도 오래 보관할 수 있거든요. 인도네시아에서는 커피콩을 아주 곱게 갈아 따로 거르지 않고 뜨거운 물에 바로 타 먹기도 하는데, 이를 코피부북이라고 불러요. 말레이시아와 싱가포르에서는 진하게 우린 차와 연유를 주전자 두 개로 묘기를 부리듯 번갈아 부으면서 섞어 만든 밀크티 테타릭이 인기랍니다.

08 남자, 여자 상관없이 아름다운 천으로 사롱을 둘러요

우리의 한복처럼 나라마다 전통 의상이 있지만, 동남아시아 전역에서는 남녀 불문하고 기다란 천 한 장을 치마처럼 두르는 사롱을 입어요. 인도네시아, 말레이시아, 싱가포르에서는 사롱, 태국에서는 빠 까오 마, 캄보디아에서는 섬폿, 미얀마에서는 롱지 등, 부르는 이름은 조금씩 다르지만 기본 형태는 같답니다. 화려하고 아름다운 천을 두르면 외출복이 되고, 소박한 천을 두르면 평상복이 되어요. 따로 바느질을 할 필요가 없어서 살이 찌거나 빠져도 문제없고, 아래로 바람이 술술 들어와 동남아시아의 무더운 날씨에 안성맞춤이랍니다.

캄보디아 라오스 미얀마

베트남

베트남

말레이시아, 싱가포르

싱가포르

우리에게는 한복이 있고, 일본에는 기모노, 중국에는 치파오가 있듯 동남아시아에도 나라마다 전통 의상이 있어요. 하지만 기본은 천 한 장을 치마처럼 둘러 입는 사롱이에요. 지금도 남자, 여자 상관없이 사롱 입은 사람을 쉽게 볼 수 있어요. 사롱은 평상복이면서 예복이기도 하거든요.

동남아시아 사람들은 옛날부터 아름다운 천으로 사롱을 해 입는 것을 아주 좋아했다고 해요. 그래서 지역마다 종족마다 고유의 아름다운 직물이 발달했어요. 대륙부 동남아시아에서는 주로 실크로 사롱을 해 입었어요. 특히 화려한 색상의 태국 실크는 세계적으로 명성이 높아요. 인도네시아와 말레이시아 지역에서는 왁스를 이용해 정교한 문양을 만드는 바틱 기법이 유명합니다. 또 실을 염색해서 작은 베틀을 이용해 고유의 직물을 짜는 지역도 많습니다. 금이 많이 나는 지역에서는 금실을 넣은 천을 짜서 사롱으로 했다니 동남아시아 사람들의 사롱 사랑을 짐작할 만하죠.

어디서나 사롱을 일상적으로 입는 동남아시아 사람들은 전통 의상을 현대화하는 데도 적극적입니다. 먼저 인도네시아에서는 고유의 바틱 천으로 현대식 셔츠나 원피스를 만들어 입습니다. 바틱 셔츠만 입어도 정장이 되기 때문에 간편하지요. 또 매주 금요일은 '바틱의 날'로 지정해 공무원과 학생들이 바틱 옷을 입기도 합니다. 필리핀에서는 파인애플 잎에서 추출한 섬유로 만든 바롱 셔츠와 바롯사야 드레스가 전통 의상입니다. 셔츠와 드레스는 스페인의 영향을 받은 것이지만 현지에서 나는 소재를 써서 필리핀 고유의 옷이 되었어요. 이 섬유는 반투명하고 통풍이 잘 되어 더운 기후와도 잘 맞아요.

베트남 사람들도 오래전에는 주로 사롱을 즐겨 입었지만 17세기에 왕이 중국처럼 윗옷과 바지를 입으라고 명령하면서 지금처럼 윗옷과 바지가 분리된 옷을 입게 되었어요. 널리 알려진 베트남의 전통 의상 아오자이는 20세기 초부터 입기 시작했다니 사실 역사가 그렇게 긴 건 아니에요. 하지만 아오자이에 원뿔형 모자 '농'을 쓴 모습은 베트남의 상징이 되었죠. 베트남 사람들의 아오자이에 대한 사랑은 대단해서 아오자이 교복도 있고 명절이면 아오자이를 차려 입고 사진 찍는 모습도 흔히 볼 수 있어요. 이렇게 동남아시아 곳곳에서는 전통 의상을 현대 생활에 걸맞게 고쳐 일상에서 애용하는 모습을 쉽게 볼 수 있답니다.

현대에도 활용되는 사롱

09 동남아시아 어린이들은 하루를 일찍 시작해요

동남아시아에서는 하루를 일찍 시작해요. 날이 덥기 때문에 일찍 시작해서 일찍 마치는 게 좋아요. 조금이라도 덜 더울 때 하루를 시작하는 거죠. 그래서 아침이 엄청 바빠요. 특히 인도네시아는 세계에서 아침 기상 시간이 가장 빠른 나라예요. 부모님은 아침 기도를 하기 위해 새벽 4시 반이면 일어나거든요. 그럼 인도네시아 어린이의 하루를 알아볼까요?

아침과 저녁 하루 2번 목욕은 절대 빠뜨릴 수 없는 일과예요. 큰 욕조에 물을 받아 바가지로 물을 끼얹어 목욕을 하죠.

나시고렝으로 아침밥을 먹고,

7시 전에 등교를 해요. 버스나 자전거를 타기도 하지만 엄마 아빠가 오토바이 뒤에 태워 데려다주는 경우가 많아요. 가끔씩 아이 너덧을 한 오토바이에 태우는 모습도 볼 수 있답니다.

수업은 보통 아침 7시부터 11시 30분 정도까지 진행되고, 주요 과목은 인도네시아어, 수학, 과학 등이에요. 지역에 따라 지역 언어를 따로 배우기도 하지만, 학교에서는 인도네시아어만 써야 한답니다.

하교 후에 집에서 점심을 먹어요. 오후에는 친구들과 놀거나 농사, 장사 등 부모님의 일을 거들기도 하죠.
6시 전에는 저녁 목욕을 합니다. 저녁 인사가 "목욕했니?"일 정도로 중요한 일과예요. 그리고 보통 9시 전에 잠자리에 듭니다.

동남아시아 어린이들은 어떻게 지낼까요? 우리와 비슷할까요, 조금 다르게 생활할까요?

먼저 도시 지역에 사는 어린이들의 생활은 우리와 크게 다르지 않습니다. 학교에 가서 공부하는 것은 기본이고 스마트폰으로 좋아하는 연예인 사진과 동영상을 찾아보고 SNS를 열심히 하는 건 전 세계 어느 곳의 어린이나 마찬가지일 테지요. 특히 동남아시아에는 채팅 메신저만 사용할 수 있는 값싼 데이터 요금제가 있어서 모두들 메신저를 아주 열심히 합니다. 그에 반해 농어촌 어린이들은 학교에서 돌아와 부모님의 일을 거들어야 할 수도 있어요.

도시든 농촌이든 상관없이 동남아시아 국가들의 한 가지 주요한 공통점이 있어요. 바로 아침에 아주 일찍 일어나는 거예요. 열대·아열대

발리 어린이들

기후인 동남아시아는 해가 뜨면 바로 더워지기 시작하니 선선한 아침 시간을 최대한 활용하기 위해서 하루를 일찍 시작해요. 나라마다 조금씩 다르긴 하지만 초등학생부터 대학생까지 학교 수업이 대부분 아침 7시부터 시작돼요. 그나마 시원해서 공부가 가장 잘 되거든요. 우리는 9시까지 등교하는 것도 쉽지 않은데, 아침 7시부터 수업 시작이라니, 엄청 힘들려나요? 이렇게 그 지역의 기후에 따라 일상생활의 모습이 크게 달라지기도 한답니다.

동남아시아의 교육 체제는 어떨까요? 우리나라처럼 초등학교 6년, 중학교 3년, 고등학교 3년 이렇게 6+3+3 체제일까요? 그런 나라도 있습니다. 우리와 같은 교육 체제를 가진 나라는 캄보디아, 인도네시아, 태국이에요. 라오스와 베트남은 5+4+3, 필리핀과 싱가포르는 6+4+2, 말레이시아는 6+3+2, 미얀마는 5+4+2, 브루나이는 6+5로 조금씩 다르지만 대부분 만 6~7살이 되면 학교에 다니기 시작해 11~12년 동안 초·중·고 교육을 받아요.

우리와 또 다른 점이 있다면 동남아시아 여러 곳에서는 국어 외의 다른 공용어나 지역어 수업이 따로 있다는 것이에요. 앞에서 이야기했듯, 한 가지 이상의 언어를 쓰는 곳이 많으니까요.

또 동남아시아에는 우리처럼 학교가 끝나고 바로 학원으로 가는 친구들이 많지는 않아요. 나라마다 중요시하는 것이 다르니까요. 독실한 불교 국가인 태국, 미얀마, 라오스, 캄보디아에서는 남자는 일생에 한 번

미얀마의 어린 승려들

쯤 승려가 되어야 복을 쌓는다고 여겨요. 그래서 남자아이들은 방학 때 적어도 한 번은 머리를 깎고 절에 들어가 승려 생활을 해요. 어디서든 승복을 입은 어린이 스님을 흔히 볼 수 있는 까닭입니다. 승려가 되면 아침 일찍 일어나 동네를 돌며 음식을 얻으러 다니는 탁발을 해야 합니다. 동남아시아 승려들은 밥을 해 먹지 않고 아침마다 탁발을 해서 얻은 음식을 먹어야 하거든요.

한편 이슬람교도가 많은 말레이시아, 브루나이, 인도네시아에서는 학교에 다녀온 뒤 가까운 모스크에 가서 아랍어로 된 코란 읽기를 따로 배

말레이시아 학교

운답니다. 또 이슬람교도들은 해마다 라마단이 되면 한 달 동안 해가 떠 있는 시간에는 아무것도 먹지 않는 단식을 해요. 어린이는 안 해도 되지만 이 단식을 해야 어른 대접을 받기 때문에 너도나도 라마단에 동참하려고 해요. 해 뜨기 전에 일어나 새벽밥을 먹고 하루 종일 굶다가 해가 지면 함께 모여 달고 시원한 것을 나눠 먹으며 그날의 단식을 마무리하는데, 그 맛이 그야말로 꿀맛이라고 하네요.

이처럼 그 나라의 문화에 따라, 종교에 따라, 사람들의 모습은 달라지지요. 어린이들 또한 그 문화 속 사람들이기에 당연히 그렇고요.

10 일년 내내 덥다고 여름만 있는 건 아니에요

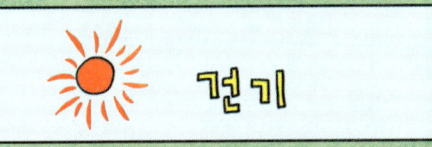

건기

우기

동남아시아로 여행을 가려면 건기에 가는 게 좋지!

소킬
후두둑
덥고 습해요

나라\월	1	2	3	4	5	6	7	8	9	10	11	12
라오스	☀	☀	☀	☀	🌧	🌧	🌧	🌧	🌧	☀	☀	☀
말레이시아	🌧	🌧	🌧	☀	☀	☀	☀	☀	☀	☀	🌧	🌧
베트남	☀	☀	☀	☀	🌧	🌧	🌧	🌧	🌧	☀	☀	☀
싱가포르	🌧	🌧	☀	☀	☀	☀	☀	☀	☀	☀	🌧	🌧
인도네시아	🌧	🌧	🌧	☀	☀	☀	☀	☀	☀	☀	🌧	🌧
태국	☀	☀	☀	☀	🌧	🌧	🌧	🌧	🌧	🌧	🌧	☀
필리핀	☀	☀	☀	☀	☀	🌧	🌧	🌧	🌧	🌧	🌧	🌧
브루나이	☀	☀	☀	☀	☀	☀	☀	☀	🌧	🌧	🌧	☀
캄보디아	☀	☀	🌧	🌧	🌧	🌧	🌧	🌧	☀	☀	☀	☀
미얀마	☀	☀	☀	☀	🌧	🌧	🌧	🌧	🌧	🌧	☀	☀

 자연 재해

쓰나미

지진 해일. 큰 지진이 나고 나서 어마어마하게 큰 파도인 해일이 해안을 덮치는 것을 말해요. 해수면이 갑자기 높아지기 때문에 피해가 큽니다.

화산 폭발

'불의 고리'라고 부르는 환태평양 조산대에 자리 잡은 필리핀과 인도네시아에는 활화산이 많아요. 이 화산들이 주기적으로 가스를 내뿜거나 폭발합니다.

태풍

태풍이 만들어지는 북태평양 가까이에 자리 잡은 필리핀은 해마다 태풍이 수십 개나 지나가서 그 피해가 커요.

우리나라가 봄, 여름, 가을, 겨울 사계절이 뚜렷한 이유는 북반구의 중위도에 위치해 있기 때문이에요. 그런데 동남아시아는 적도에서 멀지 않은 저위도 지역에 자리 잡고 있어요. 적도에서 가깝다는 건 어떤 의미일까요? 네, 맞아요. 거의 늘 무더워요. 덕분에 일 년 내내 농사를 지을 수 있어서 쌀농사를 한 해에 두 번 짓는답니다. 그렇다고 동남아시아에 계절이 없는 것은 아니에요. 동남아시아 국가들은 보통 비가 거의 오지 않는 '건기'와 매일같이 비가 오는 '우기'로 계절을 나누어요. 건기와 우기는 몬순이라고도 부르는 계절풍의 방향에 따라 결정돼요. 계절풍은 이름 그대로 계절에 따라 달라지는 바람이에요. 대륙에서 메마른 바람이 불어오면 건기(이때 북쪽에 있는 우리나라는 겨울)가 되고 바다에서 습기를 듬뿍 머금은 바람이 불어오면 우기(이때 우리나라는 장마와 무더운 여름)가 온다고 생각하면 됩니다.

남반구와 북반구는 계절이 서로 반대로 나타나요. 지도에서 보면 동남아시아 중간에 적도가 지나가고 있어요. 그러니 적도 위쪽에 위치한 나라도 있고, 아래쪽에 위치한 나라도 있지요. 적도를 기준으로 그 위쪽에 위치한 나라와 아래쪽에 위치한 나라는 건기와 우기가 반대로 나타난다고 보면 돼요. 예를 들어, 적도 위쪽 북반구의 대륙부 동남아시아에는 6~10월에 비가 많이 오고, 적도 아래에 자리 잡은 남반구의 인도네시아는 12~2월에 비가 집중적으로 내린답니다. 우기에는 보통 아침에는 맑다가 점심 때쯤 검은 구름이 우르르 몰려와 짧은 시간에 많은 비가 쏟아지는데, 이런 비를 열대성 스콜이라고 불러요. 이렇게 갑자기 비가 많이 오면 불어난 물이 빨리 빠지지 못해 하수구나 강이 넘쳐 홍수가 나기도 해요. 요즘은 기후 변화 탓인지 우리나라에도 스콜처럼 비가 오는 일이 잦아졌어요. 동남아시아에서도 전 지구적 기후 변화의 영향으로 건기와 우기가 예전만큼 뚜렷하게 구별되지는 않는다고 합니다.

계절풍과 관련된 자연 현상에는 태풍이 있어요. 필리핀이 태풍 피해를 입었다는 뉴스를 자주 봤을 거예요. 해마다 여름부터 가을까지 태평양의 바닷물 온도가 높아지면서 만들어지는 거대한 소용돌이를 태풍이라고 해요. 태풍은 적도 부근에서 만들어져 북쪽으로 올라와 우리나라나 일본에 큰 피해를 입히기도 해요. 필리핀은 태풍이 만들어지는 바다와 훨씬 가깝기 때문에 태풍이 훨씬 더 세게, 더 자주 찾아와요. 게다가

베트남 우기

기후 변화로 지구의 기온이 높아지면서 바닷물의 온도도 높아져서 요즘은 태풍이 더 세지고 더 자주 발생한다고 해요.

동남아시아의 대륙부 국가인 베트남, 라오스, 태국, 미얀마의 북쪽 지방에는 겨울이 있어요. 우리나라가 겨울일 때와 같은 시기지요. 우리나라 겨울처럼 기온이 영하로 떨어지지는 않지만 높은 산이 많은 북쪽의 현지 사람들은 겨울 외투에 털모자까지 쓰기도 합니다. 관광객에게는 너무 덥지 않은 날씨라, 여행하기 딱 좋은 때이기도 하지요.

한편 뉴스에서 동남아시아 지역에 자연재해가 났다는 소식을 종종 듣지요? 화산이 폭발하거나 큰 지진이 나기도 하고, 쓰나미가 밀려와 많은 사람이 다치고 죽기도 해요. 그 까닭은 우리가 살고 있는 지구의 지각 구조 때문입니다. 지구의 내부는 양파처럼 여러 겹으로 구성되어 있

인도네시아 발리의 아궁 화산

어요. 우리가 살고 있는 지구의 바깥층인 지각, 즉 지표면은 뜨겁고 움직이는 물질인 맨틀 위에 떠 있고, 매끈한 하나의 판으로 이루어져 있는 게 아니라 여러 판으로 구성되어 있답니다. 이 판들은 천천히 계속 움직이다가 서로 부딪히거나 한 판이 다른 판 아래로 빨려 들어가기도 해요. 그 여파로 지구 표면에서는 화산 폭발이나 지진이 나는 거예요. '태평양판'은 그중 크고 주요한 판 중 하나로, 그 가장자리를 '환태평양 조산대' 또는 '불의 고리'라고 불러요. 지구에서 일어나는 지진 중 약 90퍼센트가 이 '불의 고리'를 따라 발생하고, 활화산의 약 75퍼센트가 이곳에 분포한다고 해요.

문제는 필리핀과 인도네시아의 여러 섬이 바로 이 불의 고리를 따라 자리 잡고 있다는 것입니다. 그래서 지진이나 화산 활동도 자주 일어나 그곳에 사는 사람들은 큰 어려움을 겪고 있어요. 긍정적인 부분을 찾자면 화산이 계속 뿜어내는 화산재가 논밭에 날아와 쌓이면 토양이 비옥해져 농작물이 잘 자라요. 주기적으로 연기를 뿜고 폭발하는 화산을 배경으로 논과 야자수가 늘어선 풍경은 이 지역에서만 볼 수 있는 독특한 장면이기도 합니다. 화산 가까이 사는 사람들은 작은 분화 정도에는 크게 놀라지도 않고 일상생활을 이어가기 때문에 되레 보는 우리가 깜짝 놀라기도 해요.

11 오토바이 없인 못 살아요

동남아시아에 가면 가장 먼저 어마어마한 오토바이 물결에 놀라요. 어디에나 오토바이가 있고 남녀노소 누구나 오토바이를 타요. 어린이와 중고생도 오토바이를 타고 학교에 가며, 갓난아이부터 할머니 할아버지까지 온 식구가 한 오토바이에 탄 모습도 흔히 볼 수 있어요. 2018년 자카르타-팔렘방 아시안게임 개막식을 본 친구 있을까요? 인도네시아의 조코 위도도 대통령조차 오토바이를 타고 나타났어요.

동남아시아에 오토바이가 많은 데는 이유가 있어요. 연중 날씨가 따뜻해서 늘 오토바이를 탈 수 있고, 아직 자동차가 다닐 수 있게 도로가 잘 갖춰져 있지 않거나 대중교통이 발달하지 않은 곳이 많아서 오토바이를 타는 게 더 효율적

이거든요. 가장 중요한 이유는 휘발유 몇 백 원어치만 넣어도 한참 다닐 수 있을 만큼 비용이 적게 들기 때문이에요. 이렇게 오토바이가 생활에 아주 중요하기 때문에 오토바이 전용 주차장이 있고, 오토바이용 비옷이 있는가 하면, 오토바이를 은행에 담보로 맡기고 돈을 빌릴 수도 있어요. 또 나라마다 오토바이 택시가 있는데 기사에게 목적지를 말하면서 가격을 흥정하고 뒷자리에 타면 막히는 도로 사이를 누비며 데려다줍니다.

동남아시아의 교통수단이 오토바이만 있는 것은 아니에요. 오토바이를 개조해서 승객이 뒷칸이나 옆에 탈 수 있게 만든 삼륜 택시도 있어요. 모양새는 비슷하지만 각국마다 부르는 이름은 달라요. 태국이나 라오스에서는 '툭툭'이라 부르고, 필리핀에서는 '트라이시클', 인도네시아에서는 '바자이'라고 불러요.

또 트럭을 개조해서 뒷칸에 자리를 만들어 버스처럼 운영하는 교통수단도 있는데 태국에서는 이를 '썽태우'라 부르고, 필리핀에서는 '지프니'라고 불러요. 이런 탈것은 기사의 취향에 따라 화려한 그래피티로 장식한 경우가 많아서 관광객들에게는 재미난 볼거리예요.

태국에는 수도 방콕 한복판을 가로지르는 짜오프라야강을 오가는

수상 버스가 있는데, 이것도 재미난 탈것이랍니다. 또, 예전에는 실제로 이용했지만 이제는 관광객 대상으로만 운영하는 다양한 종류의 인력거도 여기저기에서 보여요. 베트남, 캄보디아에서는 '시클로', 인도네시아에서는 '베착'이라 부르죠. 이름과 형태는 조금씩 다르지만 동남아시아 거의 모든 나라에서 볼 수 있어요.

한편 요즘 동남아시아에 가면 교통 공유 서비스 앱인 그랩(Grab)이나 고젝(Gojek) 자동차와 초록색 오토바이의 물결이 엄청납니다. 그랩은 영어이고 고젝은 인도네시아의 오토바이 택시 오젝(ojek) 앞에 영어의 고(go)를 붙여 만든 재밌는 이름이에요. 여러분도 동남아시아에서 이동할 때는 이런 서비스를 이용하는 편이 쉽고 빠르고 가격도 저렴할지 몰라요. 예전에는 오토바이 택시 기사와 말이 통하지 않아 손짓 발짓으로 어렵게 흥정을 해야 했는데, 이제는 핸드폰 앱에서 목적지를 찍고 오토바이나 자동차를 고르기만 하면 가격도 정해 주고 기사가 여러분이 있는 곳까지 찾아오거든요.

이런 교통 공유 서비스, 즉 이동 수단이 있는 기사와 이동이 필요한 승객을 앱으로 연결시켜 주는 서비스는 미국의 우버(Uber)라는 업체가 시작했어요. 우버는 미국에서뿐 아니라 세계 곳곳에서 성공을 거두었지만 동남아시아 시장에서는 현지 기업인 그랩과 고젝에 밀려 철수하고 맙니다. 두 회사는 기업 가치 10조 원이 넘는 동남아시아 최대 스타트업으로 떠올랐습니다. 그랩은 말레이시아에서 창업해 지금은 본사가 싱가

방콕 짜오프라야강을 오가는 수상 버스

포르에 있는데, 말레이시아와 싱가포르뿐 아니라 베트남, 필리핀, 미얀마 등 동남아시아 전역에서 서비스를 하고 있어요. 고젝은 인도네시아에서 시작해 베트남 등 다른 나라에서도 서비스를 확대하고 있고요. 교통 공유뿐 아니라 음식 배달이나 택배까지 모두 이 앱을 통해 하고 있답니다. 외국에서 시작한 우버 같은 차량 공유 서비스 모델을 동남아시아의 실정에 잘 맞는 서비스로 현지화해 필요한 서비스를 제공한 것이 성공 비결이에요. 버스나 지하철 같은 대중교통 수단은 부족하지만, 누구나 오토바이를 타는 동남아시아의 현실에 잘 맞기도 하답니다.

12 눈부신 앞날을 기대해요!

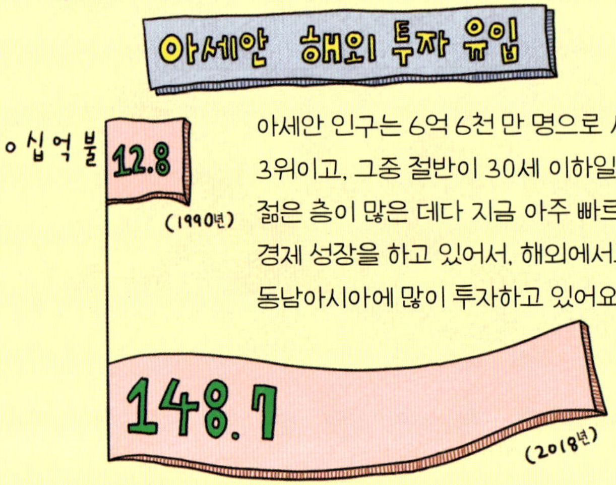

아세안 해외 투자 유입

0 십억불
12.8 (1990년)
148.7 (2018년)

아세안 인구는 6억 6천 만 명으로 세계 3위이고, 그중 절반이 30세 이하일 정도로 젊은 층이 많은 데다 지금 아주 빠르게 경제 성장을 하고 있어서, 해외에서도 동남아시아에 많이 투자하고 있어요.

출처: 한국무역협회

인구 절반이 30세 이하!

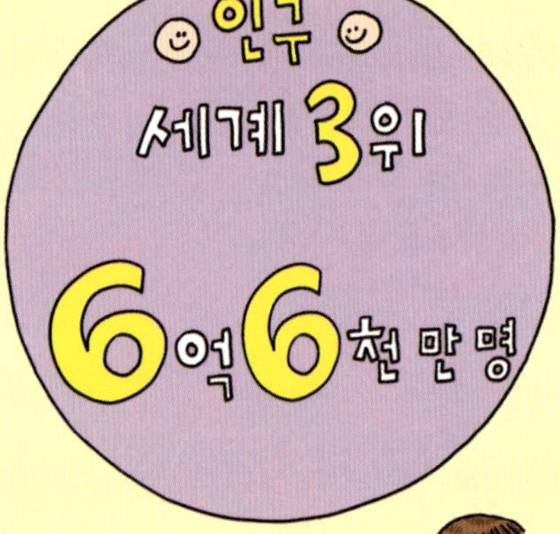

인구 세계 3위
6억 6천 만 명

> 동남아시아는 미래가 더 기대되는 지역이에요. 20세기에는 정치적 혼란에 휘말려 뒤처졌던 나라도 21세기 들어서는 젊은 인구와 풍부한 자원을 바탕으로 빠르게 성장하고 있어요. 전 세계가 동남아시아의 가능성을 주목하는 가운데, 우리나라도 예외가 아니랍니다. 동남아시아와 우리나라의 경제 협력과 교류는 앞으로도 더 커질 거예요.

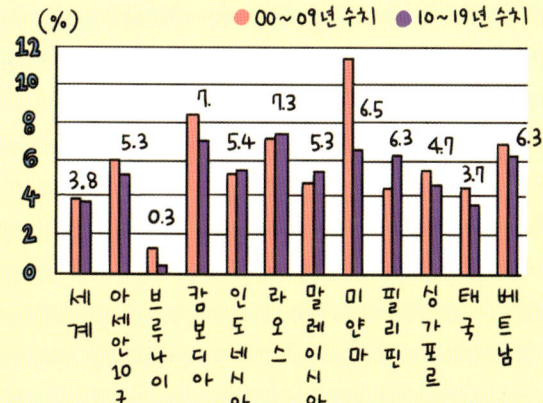

아세안 경제 성장률 추이
● 00~09년 수치 ● 10~19년 수치
세계 3.8 / 아세안 10국 5.3 / 브루나이 0.3 / 캄보디아 7.7 / 인도네시아 5.4 / 라오스 7.3 / 말레이시아 5.3 / 미얀마 6.5 / 필리핀 6.3 / 싱가포르 4.7 / 태국 3.7 / 베트남 6.3

출처: IMF, World Economic Outlook Database_2019년 기준 (2018, 2019년은 추정치.)

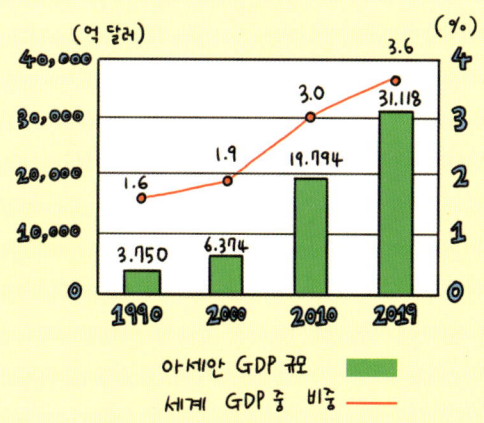

아세안 GDP 규모 및 비중
1990: 3,750 / 1.6
2000: 6,374 / 1.9
2010: 19,794 / 3.0
2019: 31,118 / 3.6
아세안 GDP 규모 / 세계 GDP 중 비중

출처: IMF, World Economic Outlook Database_2019년 기준 (2019년은 추정치.)

도표를 보면, 전 세계 경제 성장률이 3.8퍼센트인 것에 비해 대부분의 아세안 국가들이 그보다 높아요. 동남아시아의 국민총생산(GDP) 규모가 세계에서 차지하는 비중도 점점 높아지고 있죠.

동남아시아 사람들 대부분은 아직 농업과 어업을 비롯한 1차 산업에 종사하고 있어요. 하지만 2, 3차 산업이 무서운 기세로 성장하고 있는 데다 성장 동력이 탄탄해서 동남아시아의 경제 전망은 아주 밝아요. 성장 동력이 탄탄하다는 게 무슨 말이냐고요?

우선 동남아시아 지역 사람들의 평균 나이는 29.1살로, 세계에서 가장 젊어요. 이렇게 비교해 보면 쉬워요. 2019년 기준 우리나라의 평균 연령은 42살로 상당히 높아요. 게다가 출생률은 낮아 젊은 세대가 빠르게 줄고 있죠. 이는 비단 우리나라만의 문제가 아니에요. 일본과 유럽, 북미 등도 고령화를 피하지 못하고 있으니 전 세계적인 추세이지요. 하지만 동남아시아는 전체 인구의 50퍼센트 이상이 30살 이하의 젊은 사람들이니, 노동력이 충분하다는 뜻입니다. 이러한 성장 가능성을 보고 동남아시아에 투자하는 나라들이 많아서 이곳으로 흘러 들어오는 투자 액수가 증가하고 있어요.

또한 석유와 천연가스뿐 아니라 광물과 농산물 등 천연자원도 풍부해서 성장하는 데 큰 동력이 되지요. 싱가포르는 1980년대부터 한국, 홍콩, 대만과 더불어 아시아의 네 마리 용으로 꼽혀 왔어요. 그 뒤를 이어 말레이시아, 인도네시아, 태국, 베트남도 지속적이고 안정적으로 발전해 왔고요. 경제 발전이 다소 뒤처졌던 캄보디아, 라오스, 미얀마도 2010년대 이후로는 연간 7~10퍼센트의 높은 경제 성장률을 보이고 있습니다.

동남아시아에서 싱가포르, 브루나이, 말레이시아 이렇게 세 나라를 제외한 나머지 나라는 아직 1인당 국민총생산액이 1만 달러를 넘지 못했어요. 하지만 동남아시아는 지금 세계에서 가장 빠르게 성장하는 지역입니다. 2020년 기준으로 동남아시아 GDP는 3조 810억 달러 규모로 세계 6위예요. 이런 성장률이 계속된다면 2030년에는 세계 4위가 될 것이라고 전문가들은 예측하고 있어요. 그러니 미래를 더 기대하는 것이지요.

동남아시아에는 독립 후 식민지의 유산과 정치적 혼란을 극복하느라 산업화를 적극적으로 추진하지 못한 나라가 많았어요. 하지만 21세기에는 특유의 유연성과 개방성을 바탕으로 전 세계적인 경제 구조 변화에 적응하고 있어요. 아세안을 통해 지역끼리 서로 협력하고, 국가와 지역을 넘나드는 기업들이 성공하고 있죠. '동남아시아 국가 연합' 곧 아세안은 유럽 공동체 같은 지역 공동체를 추구하면서도, 우리나라를 비롯한 다른 아시아 태평양 국가와 긴밀한 협력을 시도하고 있어요. 아세안 국가 간에 통합된 시장을 만들어 경제 효과를 몇 배로 높이고, 정치 문제가 있을 때는 한쪽에 치우치지 않고 유연하게 대처하면서 지역 단위의 목소리를 만들어 실리를 잘 챙기고 있지요.

앞서 살펴본 그랩과 고젝처럼 기업 가치가 10조 원이 넘는 스타트업을 '데카콘'이라 하고, 1조 원 넘는 스타트업을 '유니콘'이라고 불러요. 동남아시아에는 유니콘 기업도 여럿이에요. 이런 앱들은 한 나라 안에서만 서비스를 하는 것이 아니라 이웃 나라에도 진출해 지역 단위의 동남아

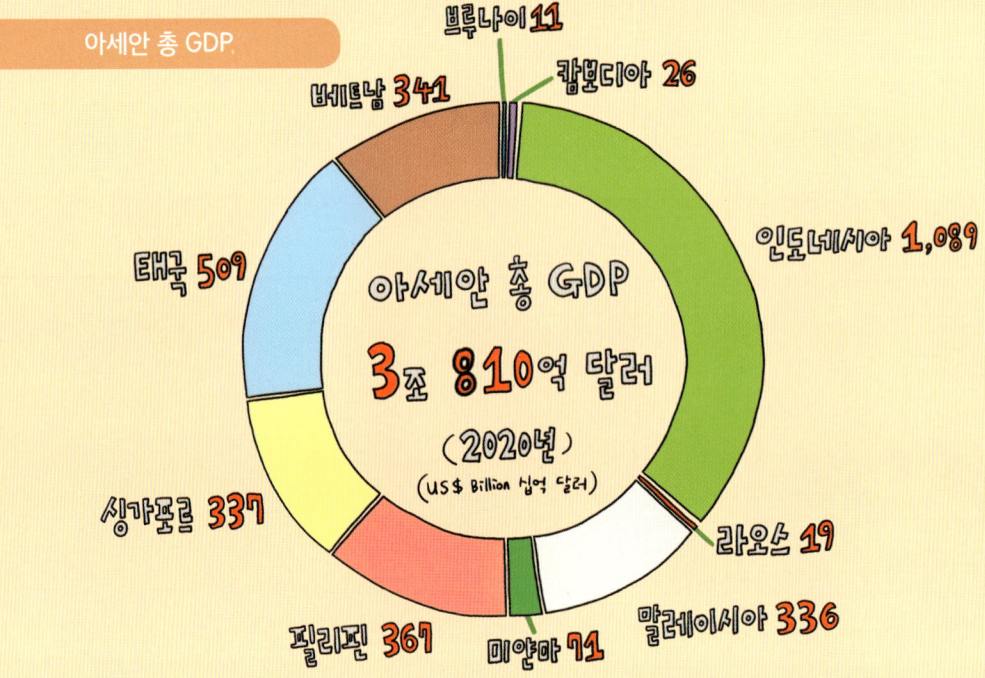

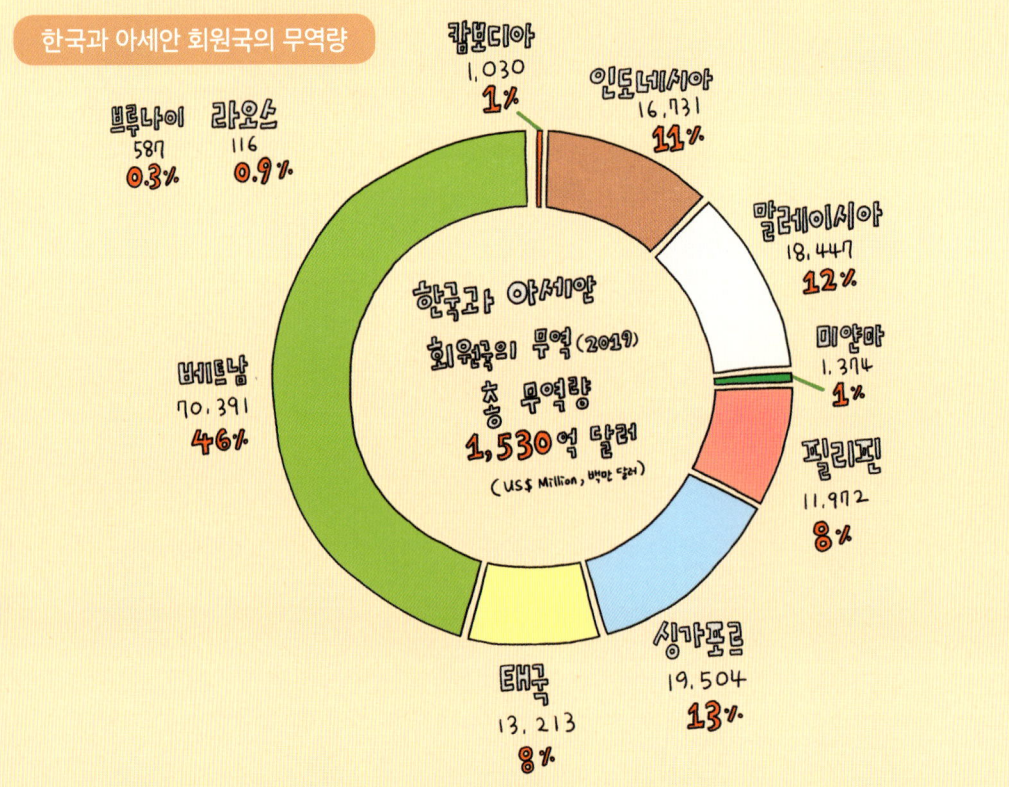

시아 시장을 만들고 있답니다. 2019년 초에는 동남아시아 주요 스타트업 6곳의 기업 가치가 한국 주요 스타트업 기업보다 커졌다는 보도가 나왔을 정도로 그 성장세가 무섭습니다.

동남아시아에서는 아직 전화나 컴퓨터, 신용카드 사용이 아주 흔하지는 않아요. 하지만 스마트폰 보급률이 높아서 신용카드 단계를 건너뛰고 모바일 페이 사용자 수가 아주 빠르게 늘고 있어 오히려 신기술에 훨씬 더 유연하게 대처하고 있는 모습이에요. 바깥에서 들여온 것을 현지 사정에 맞게 잘 고쳐 쓰고 원래보다 더 나은 결과물을 만들어 내는 동남아시아의 오랜 전통과도 잘 어울리죠.

그러고 보니 전 세계가 서로 연결되기 시작하던 대항해 시대에 무역으로 번영을 누렸던 동남아시아의 항구 도시들이 떠오르네요. 이방인을 환대하는 열린 자세와 새로운 것을 받아들이는 데 주저함이 없는 실용적인 태도가 번영의 비결이었는데, 그런 장점이 21세기에도 다시 빛을 발하겠죠.

한 달을 바다에서 헤매다 어느 땅에 닿았어. 여긴 어디? 나는 누구?

지금의 오키나와인 당시의 류쿠국에 도착한 거야. 내가 얼마나 당황했겠어? 그래도 내 장점인 생활력을 발휘하여, 거기서 그곳 사람들의 생활을 열심히 관찰하고 배우며 지냈지.

9개월 뒤, 조선으로 돌아가기 위해 중국으로 가던 중, 또 폭풍우를 만났지 뭐야! 내 인생 왜 이래?

어쩔 수 없이 다시 생활력을 발휘해서 현지인들과 지내면서 노끈을 꼬아 팔기도 하며 생계를 이어 갔지.

켁, 사람들 얼굴 색까지 다르다니.

이번엔 여송국, 지금의 필리핀 땅에 닿았어. 흑, 내가 얼마나 무서웠겠어?

내 이 기상천외하고 황당무계한 '실화' 이야기를 들은 정약전(조선 시대 실학자)이 이를 기록으로 남겨 조선 후기 실학자들에게 영향을 끼쳤지. 그 기록이 바로 『표해시말』이야.

전히 다른 았어. 제는 를 위해

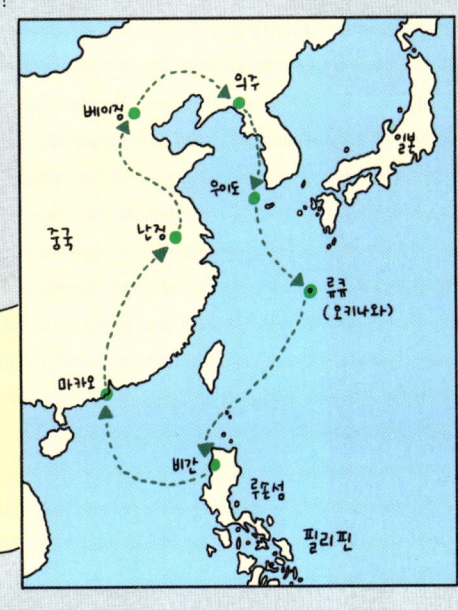

우리와 동남아시아의 관계는 언제부터 시작되었을까요? 기록을 보면, 우리는 꽤 오래전부터 동남아시아 각국과 교류해 온 걸 알 수 있어요. 삼국 시대부터는 동남아시아의 왕국들과 중국을 거쳐 교류했다는 기록이 있고, 고려 시대에 한반도에 온 베트남의 왕족 일행이 우리나라에 정착해서 '화산 이씨' 가문이 되었다고도 합니다. 조선 시대에도 태국, 인도네시아, 베트남과 종종 교류가 있었다고 하고요.

앞의 이야기에서 살펴봤듯이, 조선 시대 홍어 장수였던 문순득이라는 사람은 풍랑을 만나 표류하다가 여송국(지금의 필리핀)까지 가게 되었어요. 결국 중국을 거쳐 다시 조선으로 돌아왔죠. 그는 필리핀의 루손섬에 한동안 머물렀는데 여러 민족이 섞여 살며 외국인도 자유롭게 물건을 사고팔고, 가까운 나라와 무역을 하는 동남아시아의 풍토에 깊은 인상을 받았어요. 당시 조선은 상업을 천하게 보고 외국과의 무역도 전혀 하지 않아 바깥 사정을 잘 몰랐거든요.

한편 사신 신분으로 중국에 갔던 조선 선비들은 거기서 베트남 선비들을 만나 지속적으로 교류하기도 했습니다. 구한말 조선의 지식인들은 베트남의 독립운동가 판보이쩌우가 쓴 『월남 망국사』를 읽으며 비슷한 처지를 한탄하고 앞날을 대비했다니 두 나라가 알게 모르게 꽤 영향을 주고받았다고 볼 수 있죠.

제2차 세계 대전 중 독일, 이탈리아와 한편이 되었던 일본이 동남아시아 전역을 거의 점령했다는 얘기, 기억나죠? 당시 우리나라도 일본의 식민지였기 때문에 일본군을 따라 군무원으로 동남아시아까지 간 조선 사람들도 많았어요. 그런 조선 사람들 중 전쟁이 끝나고도 돌아오지 못하고 동남아시아의 역사적 혼란에 휘말린 사람도 있어요. 우리에게 잘 알려져 있지는 않지만, 일본군 선전 영화를 만들러 인도네시아에 갔다가 그곳에 남아 인도네시아 영화 발전에 공헌한 허영, 인도네시아 독립 전쟁에 참여했다가 국민 영웅이 된 양칠성 같은 인물도 있지요. 전라북도에서 태어난 양칠성은 1942년 연합군 포로 감시원으로 인도네시아에 도착했어요. 1945년 일본이 항복한 후 다시 인도네시아로 들어와 땅을 차지하려던 네덜란드를 상대로 인도네시아가 독립 전쟁을 벌이자 양칠성은 인도네시아 게릴라 부대에 들어가 활약하다가 네덜란드군에게 체포돼 사형당하지요. 인도네시아 정부가 정식으로 인정한 유일한 한국인 독립 영웅이기도 합니다. 얼마 전 인도네시아 정부는 그가 사형당한 도시에 '양칠성 길'을 만든다고 발표했습니다.

또 필리핀과 태국은 한국 전쟁에 참전해 우리를 도와줬어요. 한국군은 베트남 전쟁 당시 남베트남(당시 베트남은 남베트남과 북베트남으로 나뉘어 있었음)을 도우러 참전했는데 그때 민간인을 학살하는 과오를 저지르기도 했지요. 공교롭게도 요즘 한국 관광객이 많이 찾는 다낭 근처에 한국군의 학살이 벌어진 곳이 유독 많아요. 그 부근에서 치열한 전투가 많이 벌어졌기 때문이에요.

정치적으로 안정되기 시작한 1960년대 이후 동남아시아와 우리나라는 본격적으로 교류를 시작해 지금은 굉장히 긴밀한 관계를 유지하고 있습니다. 앞으로는 관계가 더 깊어질 것 같지요. 동남아시아는 한국인이 가장 많이 찾는 관광지이고, 우리나라에서 일하는 동남아시아 이주 노동자가 20만 명이나 되며 동남아시아 사람과 결혼한 한국인도 6만 명이나 되니까요.

특히, 경제 분야에서 동남아시아는 중국에 이어 두 번째로 큰 중요한 무역 상대예요. 또한 한국이 미국에 이어 두 번째로 많이 투자하고 있기도 하고요. 예전에는 주로 섬유 봉제 등 동남아시아의 값싼 노동력을 활용하는 제조업 분야에 많이 투자했어요. 우리가 입는 옷과 신발을 살펴보면 중국산도 많지만 인도네시아, 베트남, 필리핀, 캄보디아, 미얀마 등 동남아시아에서 만든 제품도 많아요. 이제는 제조업 분야뿐 아니라 한국 기업이 동남아시아 시장으로 직접 진출해 상품과 서비스를 제공하기도 하고, 지역의 강점을 이용한 IT 스타트업에 투자하여 창업하는 등 경제 교류가 다양해지고 있답니다.

경제 분야의 교류에 비하면 문화 교류는 부족한 듯했지만, 최근 들어 비약적으로 확대되고 있어요. 특히 한류를 통해 한국 영화, 드라마, K-팝이 인기를 끌면서 한국을 알고자 하는 열풍이 불고 있지요. 한국 문화 상품을 소비할 뿐 아니라 한국어를 배우고 한국을 찾는 동남아시아 사람들이 부쩍 늘어났습니다. 이렇게 가까워진 동남아시아를 더 잘 알기 위한 우리의 노력이 더욱 필요한 때랍니다.

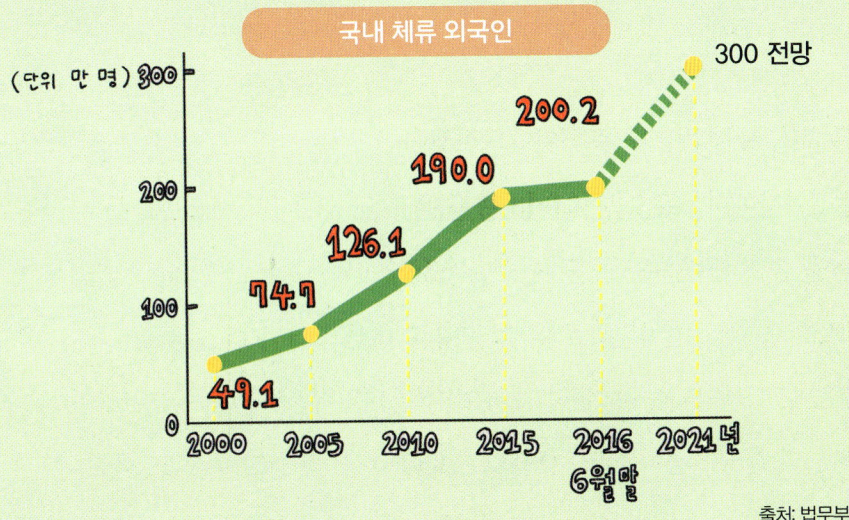

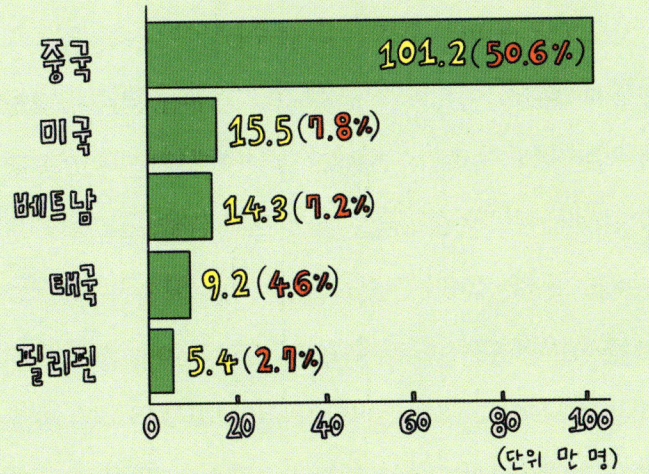

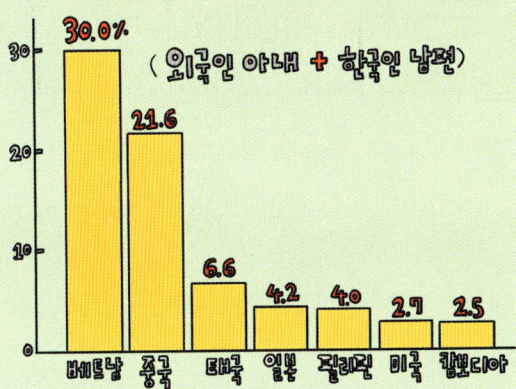

14 동남아시아에선 동남아시아 법을 따라요!

싱가포르

공공장소 금지 행동

지하철에서 먹고 마시지 않기

베트남

국 마실 땐 숟가락 두고 마시지 않기

인도네시아

오른손 사용하기
왼손으로 악수하지 않기

동남아시아의 이슬람 국가에서는 이슬람교의 금기를 기억하는 게 좋아요.

앞으로는 지금보다 훨씬 더 많이 가게 될 동남아시아를 여행할 때 꼭 기억해야 할 것이 있어요. 곧 갈 날을 위해 미리 알아볼까요?

우선 어떤 나라든 가기 전에 그 나라의 종교와 문화를 알아보는 건 필수예요. 특히 종교를 알면 조심하고 주의해야 할 것들을 알 수 있거든요. 동남아시아에도 특별히 이슬람교도가 많은 국가가 있다고 얘기했죠? 이슬람교도가 많은 브루나이, 말레이시아, 인도네시아를 여행할 때는 이슬람교의 금기를 기억하는 게 좋아요. 동남아시아의 이슬람교는 중동만큼 엄격하지는 않아 크게 걱정하지 않아도 되지만, 이슬람교도에게 술이나 돼지고기를 권하면 안 돼요. 또 노출이 너무 심한 옷을 입는 것은 금물이지요. 특히 외국인에게도 예외 없이 이슬람 율법 샤리아를 적용하는 브루나이에서는 공공장소에서 술을 마시면 처벌받을 수 있습니다. 그리고 이슬람 문화에서는 왼손이 부정하다고 보기 때문에 왼손으로 물건을 건네거나 사람을 만지면 안 된다는 점도 기억하세요.

대륙부 동남아시아에는 상좌불교 국가가 많아요. 상좌불교는 훨씬 관용적이지만 지켜야 할 것이 있습니다. 다른 사람의 머리를 만지면 안 되고, 다른 곳에서는 괜찮지만 불교 사원이나 왕궁에 들어갈 때에는 복장을 단정히 해야 합니다. 특히 태국 사람들은 국왕과 왕실에 대한 존경심이 대단해서 왕실을 모욕하는 말이나 행동을 했다가는 처벌받을 수도 있어요. 아직도 왕 앞에서는 무릎을 꿇고, 영화관에서 영화가 시작하기 전에 왕에 관한 짧은 영상을 상영하는데 외국인도 모두 일어나 경의를 표해야 할 정도니까요.

또 동남아시아 여러 곳에서는 화를 내고 소리를 지르거나 급하게 재촉하는 것을 이해할 수 없는 행동으로 봅니다. 특히 남들이 보는 앞에서 화를 내면 명예를 훼손당했다고 여겨요. 겉으로 웃고 있다 하더라도 속으로는 크게 화가 났을지도 몰라요. 또 한류의 영향으로 한국어를 조금씩은 알아듣고 한국에서 일하다 돌아간 이주 노동자도 많기 때문에 혹시라도 못 알아듣는다고 여기고 함부로 말하면 절대 안 돼요.

공공질서를 어지럽히는 행동을 엄격하게 처벌하는 싱가포르에서는 기억할 것이 훨씬 더 많아요. 정해진 흡연 장소가 아닌 곳에서 담배를 피우거나 길에 쓰레기를 버리면 벌금 1,000싱가포르달러(약 85만 원), 지하철이나 버스에서 음료수를 마시거나 음식을 먹으면 500싱가포르달러

거리에 걸려 있는 푸미폰 전 태국 국왕의 초상

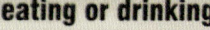

싱가포르 전철에 붙은 금지 포스터

(약 42만 원)로 벌금이 무겁습니다. 벌금뿐 아니라 곤장을 맞을 수도 있어요.

한번은 미국 소년이 싱가포르에서 장난삼아 자동차에 스프레이로 낙서를 했다가 곤장 맞는 판결을 받아 미국 대통령까지 나서서 만류하는 소동이 벌어진 적도 있어요. 또 껌을 가지고 싱가포르에 들어가는 것도, 판매하는 것도 모두 금지입니다. 싱가포르의 엄격한 처벌이 인권을 침해한다고 반대하는 여론도 높지만, 덕분에 범죄율이 낮고 도시가 깨끗하게 유지된다고 주장하는 의견도 만만치 않아요. 싱가포르는 이런 엄격한 벌금을 오히려 관광 상품으로 개발했을 정도예요. 자랑스럽게 '벌금 도시(The fine city)'라고 내세우며 벌금 내용이 적힌 티셔츠나 머그컵 같은 기념품을 팔기도 해요.

또 기억해야 할 것은 동남아시아에서는 무려 9가지 다른 콘센트가 사용되고 있다는 점이에요. 나라마다 다를 뿐 아니라 한 나라 안에서도 서로 다른 종류가 쓰일 수 있어서 한국에서 쓰던 것만 가져갔다가 핸드폰을 충전하지 못할 수도 있어요. 우리와 같은 F형 그리고 호환되는 C형을 주로 쓰는 인도네시아 말고는 여행용 만국 어댑터가 필요하죠.

그리고 운전석의 위치도 왼쪽인 나라가 다섯, 오른쪽인 나라가 다섯으로 제각각입니다. 우리나라의 경우 운전석이 왼쪽이고 거기에 익숙해져 있어서 엄청 헷갈릴 수 있어요. 그러니 이 또한 잘 기억해야 길을 건널 때 어느 쪽을 먼저 살펴야 할지 알 수 있겠죠.

참, 동남아시아의 화장실에는 휴지가 없고 작은 샤워기처럼 생긴 스프레이 건만 있을 수도 있어요. 우리나라 화장실에 있는 이 스프레이 건은 보통 변기 청소용으로 쓰는데, 동남아시아에서는 용변을 보고 나서 물을 뿌려 수동 비데처럼 뒤처리하는 용도로 쓰여요. 동남아시아 사람들은 물로 닦는 게 더 깨끗하다고 여기거든요. 하지만 너무 걱정하지는 마세요. 관광객이 많은 곳이라면 휴지가 꼭 있을 테니까요.

참고 문헌

[서적]

무라이 요시노리 우쓰미 아이코, 『적도에 묻히다-독립영웅 혹은 전범이 된 조선인들 이야기』, 김종익 옮김, 역사비평사, 2012.
밀턴 오스본, 『메콩강-그 격동적인 과거와 불확실한 미래』, 조흥국 옮김, 진인진, 2018.
비엣 타인 응우옌, 『아무것도 사라지지 않는다-베트남과 전쟁의 기억』, 부희령 옮김, 더봄, 2019.
앤서니 리드, 『대항해시대의 동남아시아』, 박소현 옮김, 글항아리(근간).
유인선, 『새로 쓴 베트남의 역사』, 이산, 2002.
이소영, 『내 이름은 쏘카-캄보디아』, 이남지 그림, 한솔수북, 2015.
조흥국, 『태국-불교와 국왕의 나라』, 소나무, 2007.
조흥국, 『한국과 동남아시아의 교류사』, 소나무, 2009.
한-아세안센터, 『AK랑 떠나는 아세안 모험』, 2013.
한-아세안센터, 『내 친구 아세안』, 2018.
한-아세안센터, 「한-아세안 협력의 '약한 고리': 한국의 동남아시아 교육」, 2018.
허우 민-후엔 트랑·따 후이 롱, 『그림으로 보는 베트남 역사』, 레 티 후안 옮김, 정인출판사, 2021.
R.K.나라얀 편저, 『마하바라타』, 김석희 옮김, 도서출판 아시아, 2014.
UNESCO Bangkok Office, Education Systems in ASEAN+6 Countries: A Comparative Analysis of Selected Educational Issues, 2014.

[기사]

「기술은 다를 게 없는데… 한국 유니콘, 동남아에 역전 당했다」, 조선일보 2021. 3. 19.
「우리 마을 이장님은 필리핀댁, 방범대원은 옌벤댁」, 조선일보, 2021. 10. 31.
「인도네시아 독립영웅 양칠성, 그의 이름 딴 도로 생긴다」, 한국일보 2019. 3. 4.
「전북 TV뉴스에 중·베트남어 자막...초등학교서 캄보디아어 수업」, 조선일보 2021. 10. 31.
「조선의 '문순득 표류기'를 아시나요」, 한겨레, 2008. 8. 29.

[사이트]

아세안 공식홈페이지 http://asean.org
아세안문화원 www.ach.or.kr
한-아세안센터 www.aseankorea.org
Good News from Southeast Asia http://seasia.co

사진 저작권

9쪽 바간 유적지, 미얀마의 승려들 | 11쪽 락 무앙 기둥 사원과 왓 프라깨오 에메랄드 사원, 아유타야 수상 시장, 제임스본드섬, 똠얌꿍 | 13쪽 파 탓 루앙, 방비엥의 블루라군, 루앙프라방의 왕궁과 그 앞의 야시장 | 15쪽 캄보디아의 승려들, 톤레삽 호수 | 17쪽 호찌민 동상, 쌀국수, 호이안 | 19쪽 보라카이 화이트비치, 계단식 논, 마욘 화산과 카그사와 유적의 성당 | 21쪽 보로부두르 사원, 신에게 바치는 제물 차낭 사리, 브로모 화산 | 23쪽 코타키나발루의 모스크 | 25쪽 술탄 오마르 알리 사이푸딘 모스크, 수상 마을, 석유 저장 탱크 | 27쪽 마리나베이와 멀라이언 상, 가든바이더베이 | 40쪽 방콕 수완나품 공항의 '우유의 바다 젓기' 조각상 | 62쪽 캄보디아 크메르 문자로 적힌 간판 | 63쪽 타이 문자로 적힌 간판 | 70쪽 코코넛과 코코넛오일, 코코넛밀크, 육두구, 정향, 팔각 | 71쪽 베트남 길거리 시장, 각종 향신료, 말레이시아 길거리 음식, 피시 소스, 고수 | 72쪽 인도네시아 볶음 국수 미고렝, 인도네시아 볶음밥 나시고렝 | 73쪽 베트남 월남쌈 고이꾸온, 베트남 반미 | 74쪽 태국 샐러드 쏨땀, 태국 그린커리 | 75쪽 미얀마 쌀국수 모힝가 | 77쪽 키페쓰어(베트남 연유 커피), 테타릭 | 81쪽 현대에도 활용되는 사롱 | 84쪽 발리 어린이들 | 86쪽 미얀마의 어린 승려들 | 87쪽 말레이시아 학교 | 91쪽 베트남 우기 | 92쪽 인도네시아 발리의 아궁 화산 | 94~95쪽 베트남 오토바이 물결 | 116쪽 싱가포르 전철에 붙은 금지 포스터ⓒ123RF

9쪽 2021년 반군부 민주화 시위 | 23쪽 페트로나스 트윈 타워 | 27쪽 리틀인디아의 샵하우스 | 99쪽 방콕 짜오프라야강을 오가는 수상 버스 | 115쪽 거리에 걸려 있는 푸미폰 전 태국 국왕의 초상ⓒ위키미디어 공용

15쪽 앙코르와트 | 17쪽 하롱베이 | 36~37쪽 앙코르와트ⓒ허용선

23쪽 말레이시아의 젊은이들ⓒPaulius Staniunas

70쪽 태국 길거리 과일 시장ⓒ최일주

21쪽 발리 전통 춤 | 75쪽 말레이시아, 싱가포르 로티프라타와 테타릭ⓒ박소현

다양한 문화의 끝판왕, 동남아시아

2022년 1월 13일 1판 1쇄
2023년 10월 30일 1판 3쇄

글쓴이 박소현 | **그린이** 허현경

편집 최일주, 이혜정, 김인혜 | **디자인** 정수연
제작 박흥기 | **마케팅** 이병규, 양현범, 이장열, 김지원 | **홍보** 조민희 | **인쇄** 코리아피앤피 | **제책** J&D바인텍

펴낸이 강맑실 | **펴낸곳** (주)사계절출판사 | **등록** 제406-2003-034호
주소 (우)10881 경기도 파주시 회동길 252
전화 031)955-8588, 8558 | **전송** 마케팅부 031)955-8595, 편집부 031)955-8596
홈페이지 www.sakyejul.net | **전자우편** skj@sakyejul.com | **블로그** blog.naver.com/skjmail
페이스북 facebook.com/sakyejulkid | **인스타그램** instagram.com/sakyejulkid

ⓒ 박소현, 허현경 2022

값은 뒤표지에 적혀 있습니다. 잘못 만든 책은 구입하신 서점에서 바꾸어 드립니다.
사계절출판사는 성장의 의미를 생각합니다. 사계절출판사는 독자 여러분의 의견에 늘 귀 기울이고 있습니다.
이 책은 저작권법에 따라 보호받는 저작물이므로 무단 전재와 무단 복제를 금합니다.

ISBN 979-11-6094-894-3 73910
ISBN 978-89-5828-770-4(세트)